高端品牌

What Makes a Successful High-End Brand?

是如何炼成的

段传敏 刘波涛 著

看清全球高端品牌背后的六大法则
The Six Rules behind Global High-End Brands

机械工业出版社
China Machine Press

图书在版编目（CIP）数据

高端品牌是如何炼成的 / 段传敏，刘波涛著 . -- 北京：机械工业出版社，2022.3
ISBN 978-7-111-70296-2

Ⅰ.①高… Ⅱ.①段… ②刘… Ⅲ.①品牌 – 市场竞争 – 研究 Ⅳ.① F279.16

中国版本图书馆 CIP 数据核字（2022）第 035525 号

高端品牌是如何炼成的

出版发行：机械工业出版社（北京市西城区百万庄大街22号　邮政编码：100037）	
责任编辑：张楠	责任校对：马荣敏
印　　刷：北京联兴盛业印刷股份有限公司	版　　次：2022年3月第1版第1次印刷
开　　本：147mm×210mm　1/32	印　　张：9
书　　号：ISBN 978-7-111-70296-2	定　　价：69.00元

客服电话：(010) 88361066　88379833　68326294　　投稿热线：(010) 88379007
读者信箱：hzjg@hzbook.com

版权所有·侵权必究
封底无防伪标均为盗版

推荐序一
· FOREWORD 1 ·

高端品牌竞争是大势所趋

北京大学新闻与传播学院广告学系主任　陈刚

把本土品牌与全球品牌进行比较研究，是一件很有意思的事情。这种写作架构，体现了作者对中国品牌发展的思考，即一方面必须了解全球，另一方面必须基于本土，这样一种结合，应该是中国品牌发展的基本方向。但是，正如大家所了解的，目前，中国企业距离这种品牌发展的目标还有很大的距离。

我一直有一个观点，就是：在很长一段时期内，其实中国企业在品牌发展方面的经验是需要不断积累的，动力是不够的。因为在市场竞争中，从产品竞争到品牌竞争有一个进化和升级的过程，当产品竞争能够支持企业发展的时候，在全力推进品牌竞争方面，有些企业存在着很大的惰性。

参与高端品牌竞争是市场发展的必然趋势。由于中国市场的独特性，现在可能还是有大量产品竞争的蓝海，但是，这种蓝海一定会逐渐变成红海。在未来的竞争中，高端品牌竞争是大势所趋，所有企业都必然面对这一挑战，必须思考这一问题。

中国特色社会主义进入新时代。在新时代，大力推动中国的品牌建设是国家的重大战略。2014年，习近平总书记提出"推动中国制造向中国创造转变、中国速度向中国质量转变、中国产品向中国品牌转变"。㊀ 2017年，国务院将每年的5月10日设立为"中国品牌日"。2021年，《中华人民共和国国民经济和社会发展第十四个五年规划和2035远景目标纲要》中提出开展中国品牌创建行动，保护发展中华老字号，提升自主品牌影响力和竞争力，率先在化妆品、服装、家纺、电子产品等消费品领域培育一批高端品牌。也就是说，在国内国际双循环中，在新时代中国经济社会的发展中，中国品牌必须发挥更加重要的作用。大力推动品牌建设，是新时代中国社会发展的要求。

在品牌建设的过程中，不少国家的优秀品牌经历了很长时间的探索，有很好的经验，这些经验一定会为中国的品牌建设提供借鉴和参考。研究全球成功品牌的发展过程，分析它们的特点和模式，对中国的品牌发展来说，是必不可少的。

另外，中国的品牌发展一定要立足于中国市场。首先，中国市场目前的品牌竞争较为激烈。其次，中国目前是全球数字化发展较为迅速的国家，数字化对品牌建设是挑战，也是机遇。目前中国的数字化环境，为数字化品牌建设提供了巨大的试验

㊀ 本部分内容摘自中华人民共和国中央人民政府网。网址：http://www.gov.cn/xinwen/2014-05/10/content_2677109.htm。

田，所取得的经验和模式，对未来全球品牌发展是具有引领作用的。

所以，我反对中国企业盲目地进入全球市场发展所谓的全球品牌。我的观点是，中国企业首先应该把中国市场的事情做好，能够在本土市场成为真正有影响力的品牌，否则，自己的后花园就变成了跨国品牌的跑马场。基于中国本土市场的特点创建中国品牌，加强本土化的全球化品牌建设，进而推动这种本土化的全球化品牌真正进入全球，创造全球的影响力，这样一种模式是不是可以成为中国品牌发展的一个独特路径？对这样一个假设，大家可以共同进行探讨。

在营销与品牌研究领域，传敏兄是一位非常资深的专家，他深耕传媒领域多年，有浓厚的文人气质。因而，这本书在专业性与表达力方面有鲜明的特点。本书内容引人入胜，可读性超强，相信读者拿到手里一定会一鼓作气读完，享受这种阅读的快感，并在这种阅读的快乐中产生对中国品牌建设的深入思考！

推荐序二
·FOREWORD 2·

高端品牌是企业的高端战略

中国传媒大学学术委员会副主任、教授、博士生导师　丁俊杰

我喜欢看段传敏先生写企业、营销、品牌的文章，他的文章不仅能揭示事物的本质，而且字里行间有种特殊的灵动性，格外好读。所以，我一直关注他的文章。

在收到段先生的书稿，扫了一眼目录后，我眼前一亮，便情不自禁地研读起来。我很欣赏段先生在书中的观点。当段先生问我能否为新书写序的时候，我便答应道，那就写个读后感吧。

近几年，"品牌"成为热门话题，无论是政府、企业还是个人，都对"品牌"投注了极大热情。我想，段先生的这本书正是在追寻这一时代重要议题。

高质量发展需要品牌，尤其是高端品牌。品牌在国内消费促进、经济结构优化方面的作用愈发明显。进入新时代，我国经济已由高速增长阶段转向高质量发展阶段。高质量发展，意味着高质量的供给、高质量的需求、高质量的配置、高质量的投入产出、高质量的收入分配和高质量的经济循环，其中最为关键的"抓手"之一，即是品牌建设，尤其是产品内延性及附加值高、号召力强的高端品牌。

人们对美好生活的向往也在呼唤高端品牌的出现。新时代，消费全面升级，消费者由原来的注重性价比趋向于注重中高端商品，更愿意追求高品质生活，为美好生活买单。美好生活的构建离不开品牌，品牌代表着高品质和可信赖。从文化视角来看，品牌承载着企业的价值观和文化，可以说，一个个品牌，尤其是高端品牌的建设目标，就是要满足人们对美好生活的向往。

和其他一些畅销书和教科书不同，本书兼具研究与实践双重意义。首先，凝练的观点具有直接的指导意义，书中旁征博引，诸多中外理论要点与大师观点不时闪耀其中，段先生将"高端品牌"视为一个研究对象，吸纳了来自哲学、心理学、社会学、数学等诸多学科的智慧，可以看出写作本书时着实下了不小的功夫；其次，言语和概念的使用通俗易懂，案例剖析与人物故事的讲述娓娓道来，蕴含了作者十多年的品牌营销观察和实践累积，论述的风格一如段先生平日里的写作，酣畅淋漓，读起来引人入胜，让人有种欲罢不能的感觉。

在阅读中，我能清晰地感受到作者不断地在追问，比如，到底什么是高端品牌，什么不是高端品牌？当我们在消费高端品牌时，我们在消费什么？除了使命、价值观、工匠精神之外，还有哪些要素是高端品牌长期坚守的？上述的这些问题看似简单，但越简单的问题，越是关乎高端品牌思考的本质。

书中的六章内容，每一章都是一个思考"高端品牌"的视角，这些视角共同组成了高端品牌建设的整体。论述主要选用了典型的案例，其中不乏本土经典，同时又具有明显的国际视野。通过比较研究，作者对每一个观点都进行了深入浅出的阐释。假若用一个"矩阵"对书中内容加以表现，纵轴是案例，横轴是观点，二者则如经线纬线一般，编织了一个脉络清晰又美丽生动的高端品牌的建设图谱。

书中不乏真知灼见，比如"品牌是附着在产品上的无法磨灭的烙印""品牌是产品和服务价值的放大和强化""成功的品牌能通过认知、体验、信任、感受等营销策略，与消费者建立联系，给消费者留下深刻印象"等。我尤其赞同"品牌的精神，如同人类的灵魂，它是如此重要"这句醍醐灌顶之论。打造一个高端品牌，要不断汲取当地风土中自然和人文的养分，将这些融入品牌基因，并逐渐形成独特的品牌文化。这样，品牌才能在不同的时代与环境中保持长久旺盛的生命力。中国拥有着五千年的悠久历史和丰富文化，也有着无数的圣贤智慧，如何将这些精神与文化力量照进品牌实践的现实，是中国高端品牌建设的一个关键议题。

本书的目的显然不是想列入畅销书的行列博得一阵掌声，而在于给读者提供一个深入思考高端品牌的指引。高端品牌，可以视为企业的高端战略，它不只是一个商标，也不只是一锤子的买卖，而是一个长期性、持续性、系统性的工程，没有捷径可走，也不可能是速成的，需要综合考量产品、设计、管理、经营、文化、价值观等各个方面的因素。就"守正笃实"这一价值理解来看，段传敏先生的思考毫无疑问是值得赞扬的。

前言
· PREFACE ·

为什么要打造高端品牌

段传敏

经过40多年的改革开放，中国已成为名副其实的世界工厂，无论在电子、家电、机电行业，还是在化工、轻纺、服饰、制鞋领域。

然而，在相当长的时间里，中国工厂赚取的是微薄的加工费，大部分利润都被世界品牌赚走。

2015年，国务院发布了《中国制造2025》规划，这是中国实施制造强国战略第一个十年的行动纲领。

近年来，美国视中国为战略竞争对手，对《中国制造2025》横加指责，对中国领先企业华为肆意打压。2020年，新冠肺炎疫情全球大爆发，以美国为首的西方国家反而变本加厉，展开了对中国高科技企业的"围剿"。这不仅严重影响了中国企业的全球化进程，而且对中国的高端制造业产生重大影响。

随着国际形势的变化，不少世界品牌将工厂与代工基地放在东南亚国家，部分品牌甚至将工厂回撤至美国本土。在这样的背景下，"中国制造"迈向"中国智造"的需求更加迫切。

2021年，《中华人民共和国国民经济和社会发展第十四个五年规划和2035年远景目标纲要》公布。其中一个重点话题明确指出开展中国品牌创建行动，提升自主品牌影响力和竞争力。高端品牌建设前所未有地出现在国家发展规划中。

在2020年8月《财富》世界500强榜单上，中国共有133家企业上榜，第一次超过美国（121家）。在2021年8月《财富》世界500强榜单上，中国共有143家企业上榜，上榜企业数量再次超过美国（122家）。

然而另一个指标是，在品牌咨询公司Interbrand发布的"2020年全球最佳品牌排行榜"和"2021年全球最佳品牌排行榜"上，中国品牌只有华为1家入榜。该榜单的核心评价指标为企业在母国市场之外的销售和利润，即全球化指数。

让我们再看看WPP与凯度联合发布的"2021 BrandZ最具价值全球品牌100强排行榜"，即便只考虑公司的财务表现和品牌溢价，也只有18家中国品牌入榜，远远低于美国的56家。

这三份榜单告诉我们两个基本的事实：第一，仅以中国市场为主体就可以催生出堪与发达国家比肩的巨型企业和品牌；第二，中国企业的全球化程度较低。

大国崛起，需要大国品牌。中国的强大，离不开品牌的强大。在中国崛起的道路上，以华为为代表的中国品牌，向世界讲述着一个个激动人心的中国故事。遗憾的是，像华为这样具有国际影响力的中国品牌太少了。

同时，中国的高端品牌更为稀缺，尤其在最高端的奢侈品领域，中国品牌身影寥寥。2021年，德勤公布了该年度全球100大奢侈品公司排行榜，中国有9家企业上榜，皆为珠宝企业。

一个值得正视的现实是，世界奢侈品最大的市场来自亚洲（其中的重心在中国）。据统计，2019年中国国籍消费者消费额占据全球个人奢侈品消费总额的35%，远超占比为22%的美国。而且，来自中国的市场正快速扩容，2019年中国奢侈品消费增速为26%。根据波士顿咨询公司公布的数据，中国消费者对奢侈品的需求在2020年有整体30%的增长，而欧美等发达国家市场规模受疫情影响不但无法增长，还出现了萎缩。

一方面是中国日益增长的对高端品牌的消费欲望，另一方面是国内高端品牌严重匮乏的现实。如果在街上随便问几个人：你们觉得哪些中国品牌是高端品牌？我猜大部分人回答的品牌不超过10个，这样的现象发生在"制造大国"的中国，多少令人感慨。

中国经济已经由高速增长阶段转向高质量发展阶段，而高质量发展应包括高端品牌方面的建设，这已是当务之急。

在中国的高端品牌建设中，我对本书研究对象之一的慕思寝具了解较深，这家企业诞生于以"三来一补"模式著称的世界工厂东莞。更令人惊讶的是，这家诞生于2004年的企业不但自出生的那一天起就有强烈的品牌意识，而且立志打造中国的全球化高端品牌。

在中国，打造品牌原本就是很多企业家较为奢侈的梦想，更何况打造高端品牌、全球化的高端品牌。物美价廉，是西方人对中国品牌的普遍认知，这一认知之所以根深蒂固，与诸多企业的经营路线有关。大多数企业宁肯在价格上做文章，以求快速获取订单和生存机会，也不愿意冒险进入高价格、高价值领域，走高端路线。

"三来一补"模式失效之后，中国制造业开始升级，但仅限于从加工到制造的升级，且将价格视为面向国际竞争的重要武器。久而久之，物美价廉成为中国制造"升级"后的另一种优势：任何一个产品，只要经过中国制造的"洗礼"，价格立即大幅度降低。

就是在这样的背景下，慕思开始了自己独特的商业探险。在家居业，将东西卖贵并非慕思一家，但能打造出一个独有的品牌，而且将高端品牌从经销端扩展到消费端，引发消费者强烈认知的，慕思堪称第一家。

更为可贵的是，慕思近年来将高端品牌业务拓展到了海外，在澳大利亚、法国、美国、加拿大等西方发达国家开始了中国高端品牌的出海之旅。

没有茅台动人的品牌故事、深厚的文化积淀、稀缺的生态环境、独特的制造工艺，慕思几乎是在世界工厂的长长阴影之下从零诞生的；不同于许多大企业打造的子品牌，慕思一开始就播下了高端品牌的种子；不同于许多企业只有高端产品而无高端品牌，慕思下了很大的功夫与消费者直接沟通、建立关系、塑造独特的形象……可以说，慕思虽不是最具实力、最具规模、最具技术优势的企业，但它却是在建设高端品牌方面名列前茅的中国企业。

这一切是怎么发生的？为什么慕思能，而大多数企业不能？高端品牌究竟是如何炼成的？这一系列引发出来的问题，让我们对高端品牌研究产生了深厚的兴趣。

数年前，我和团队展开了对这一领域的专项研究。在本书中，我们选择了包括华为、茅台、慕思、路易威登、苹果、特斯拉等在内的国内外高端品牌代表进行比较研究，试图总结出打造高端品牌的内在规律，以给立志服务高端群体、建设高端品牌的企业以更多元的视角、更丰富的启发。

未来，我们团队将继续在高端品牌的研究、推广、孵化和咨询等领域持续努力，为中国企业的品牌升级持续做出贡献。

目录
· CONTENTS ·

推荐序一

推荐序二

前言

第一章　梦想法则

第一节　故事的力量 / 3

　　　　顶级叙事高手 / 3

　　　　传奇的路易·威登 / 8

　　　　用故事打动人心 / 12

　　　　品牌的"英雄之旅" / 16

　　　　跨越时间的细节 / 20

第二节　造梦大师 / 24

　　　　梦想方程式 / 24

　　　　　信念的力量 / 29

　　　　　取悦少数派 / 34

第三节　价值驱动 / 39

　　　　　决定性的"Why" / 39

　　　　　致疯狂的人 / 44

　　　　　激活"自我价值" / 49

第二章　极致法则

第一节　产品三原则 / 55

　　　　　匠心精神 / 55

　　　　　时间的价值 / 58

　　　　　全局创新 / 63

第二节　"精神定位"理论 / 69

　　　　　消费者主权理论 / 69

　　　　　创造不存在的需求 / 73

　　　　　激发好奇心 / 78

　　　　　定位新解 / 82

第三章　超级用户法则

第一节　客户满意度 / 91

长期主义思维 / 91

以顾客为中心 / 96

用户的创造力 / 101

第二节　超级黏性 / 106

超级用户的力量 / 106

超级信任的魅力 / 110

超级共创的价值 / 113

第四章　恋人法则

第一节　"攻陷"用户大脑 / 121

视觉锤 / 121

情感锚 / 126

信仰核 / 129

第二节　创造深度体验 / 134

最佳场景 / 134

多维体验 / 138

内容共生 / 142

技术赋能 / 146

第三节　激发精神共振 / 150

艺术吸引 / 150

文化共鸣 / 156

精神引领 / 159

第四节　把握关系尺度 / 164

距离之美 / 164

贵有所值 / 169

价值溢出 / 174

门槛效应 / 179

第五章 "破圈"法则

第一节　整合创新 / 187

全球配置 / 187

积木式创新 / 192

场域融合 / 197

第二节　定制产品 / 203

联名定制 / 203

个性定制 / 208

规模定制 / 212

第三节　联盟营销 / 216

新圈层 / 216

新联盟 / 220

新生态 / 224

第六章　增长法则

第一节　数字战略 / 231

瞄准 Z 世代 / 231

全面数字化 / 236

第二节　品牌延伸 / 242

梦想价值原则 / 242

金字塔模式与星系模式 / 247

第三节　国际化 / 254

走向世界的重要挑战 / 254

本土的，才是世界的 / 258

后记 / 262

高端品牌是如何炼成的

看清全球高端品牌背后的六大法则

| 第一章 |

梦想法则

1

第一节　故事的力量

顶级叙事高手

在很多国内企业正准备加强公关部门建设，以应对越来越多的媒体和政府关系的时候，2020 年 10 月，大洋彼岸的美国，电动汽车龙头特斯拉传来一个令人吃惊的消息：解散其在美国的公关部门。

难道公关真的不重要了吗？不，相当重要，而且公关正有超越广告成为营销传播的主流的趋势。定位派营销专家艾·里斯和劳拉·里斯在其著作《广告的没落 公关的崛起》中专门对此进行了研究，他们指出，创建一个新品牌需要支付昂贵的广告费用。当今的市场营销首先是要进行公关，只有通过公关才能使自己的品牌在消费者心中占有一席之地。

既然权威专家都这么说了，难道是特斯拉的创始人埃隆·马斯克决策错误？不，这是"狡猾"的马斯克又在向你讲故事了。

从舆论的反应看，特斯拉此举成功吊起了全球媒体的胃口，引发大量免费的报道与社交媒体的广泛热议。特斯拉此举向公众传达了几个关键信息：第一，它强调了自己的产品策略，不是以广告宣传为主，而是靠"产品力"说话，这符合马斯克极其推崇的"第一性原理"；第二，它强化了特斯拉独特的行事作风和马斯克"打破规则"的 IP 形象；第三，它突出了马斯克追求完美的作风。

一个小小的举措竟然能引起这么大的反响，而且带来如此核心的品牌信息，看来，马斯克绝对是一个讲故事的顶级高手。

鲁迅曾说过，悲剧将人生有价值的东西毁灭给人看。好故事的标准尽管不一，但也有一个核心的要素：冲突。

在某种程度上，马斯克已不是传统意义上的企业家，而是在推特上拥有千万级粉丝的网红企业家。他个人就是一个超级媒体，仅通过推特就可以施加广泛而深入的影响力，再加上他本人特立独行的言行为人们提供了丰富而生动的内容，因此，全世界的媒体都在围着他转，主动进行各种免费报道。

马斯克真正在中国广为人知、真正"破圈"，源自一条 2017 年 12 月他在接受采访时"几近崩溃"的视频。

这段 6 分多钟的视频用很多镜头和文字回顾了特斯拉和 SpaceX 所遭受的质疑。在视频中，马斯克坦率承认创业过程中的艰难。面对镜头，他几度崩溃，眼含泪光、数度哽咽："是的，的确很艰难！有时候，你的偶像会让你失望。"更多的时候，他强烈地向观众展示出性格中异常坚韧的一面："不知道什么叫放弃，除非我被困住或者死去。"

视频里的冲突集中而猛烈：面对全世界的敌意，一个创业家该如何面对？面对偶像的否定甚至阻挠，你如何选择？画面中的男人直面冲突又坦承艰难，意志坚定又非常感性，他的眼泪让人产生了强烈的好奇。现在的成功和过去的艰难带来的巨大落差，在人们心中形成了强烈的精神共鸣。

毫无疑问，哥伦比亚广播公司（CBS）新闻访谈类节目《60分钟》（60 Minutes）中的这个视频片段，成为马斯克传递品牌形象的最佳窗口。

在许许多多的访谈视频中，马斯克的表现令人印象深刻：他梦想远大而且执着，令人震撼和钦佩；他是个技术和产品控，很熟悉技术趋势且能在产品中有独到的创新，这令他充满信服力；他富有分寸感和一些幽默（尽管有些口吃），这令他有种迷人的亲和力和魅力。

在《硅谷钢铁侠》一书中，你可以看到一个狂热、专注、脾气暴躁、刻薄、自负、倔强、目的性极强、抗压力极强、学习力极强的梦想实践家。这种"非传统意义"为马斯克的故事增添了无数跌宕起伏、引人入胜的素材。

美国专栏作家亚兰兹（Brett Arends）曾总结过马斯克成功的关键要素，其中一条是"他是个秀场大师"：从未来主义的办公室，到那些华丽的产品发布活动，"马斯克非常善于让自己和自己的公司获得想要的关注"。比如，在刚刚开始互联网创业生涯时，马斯克就为自己的电脑做了一个巨大而炫目的机箱，让客户和潜在的投资者印象深刻。

别人讲故事更多用讲，马斯克讲故事的方式则是"知行合一"，在做中讲，在讲中做。24岁的他主动从斯坦福大学辍学创业，28岁时他将第一个创业公司Zip2卖掉获得2200万美元，将其中的1000万投资到X.com公司，很快这家公司与别人的公司合并成PayPal，他成为最大股东；31岁，他将PayPal卖给当时全球最大的电商eBay，获利1.65亿美元。

年纪轻轻就成为亿万富豪，很多人的结局通常是，"少年得志"往往"必有余殃"，然而，对马斯克而言，这只是他精彩故事的开始。

2002年6月，马斯克将赚来的1亿美元创办了太空探索公司SpaceX；2004年，他向特斯拉汽车公司投资630万美元，出任该公司董事长，后又追加投资成为第一大股东；2008年又投资1000万美元与人联合创办光伏发电企业SolarCity；2017年又创办了脑机接口的人工智能公司Neuralink。电动汽车品牌特斯拉，让他登上世界首富的位置。

马斯克对人才的重视和挑剔是出了名的，他不但要亲自面试每个应聘者，而且要求他们必须是顶级的人才。马斯克是如何管理像他一样聪明绝顶、天马行空的超A类人才的，又是如何凝聚人心让他们持续头脑发热的？

《火星人马斯克的地球创业游戏》一书的联合作者孟路在其制作的视频中指出，马斯克管理这类人才的一大绝招就是"善于讲故事",特别是那些有"宗教感"的故事。

他把特斯拉的愿景升华成一个关乎全人类存亡的问题:抓住电动汽车零油耗的特性,站上道德高地,给品牌注入灵魂;宣传燃油车污染严重,能源不可再生,只有电动汽车最环保。

其实懂行的都知道,现在电池的回收技术并不过关,生产电池的过程也需要消耗大量能源,但这个"事实"并不重要,只要他让人相信,电动汽车代表了汽车的未来,你为公司奋斗就是为全人类奋斗,那就足够了。

按照孟路的分析,马斯克三家公司的愿景几乎是同一个"套路":特斯拉,万一石油用光了,别怕,我们还可以用电驱动,让能源可再生;SpaceX,万一地球毁灭了,别怕,我们可以移民火星,让人类文明跨越星际;Neuralink 的愿景则是,万一 AI 太强大威胁到了人类,别怕,我们可以实现人机结合,让 AI 和人类文明共存。

一旦上升到人类的生存与死亡,整个故事的基调就会显得格外与众不同。"马斯克太会写这种与全人类命运相结合的满分作文了。"

2021 年 2 月,马斯克通过推特宣布,他将写一本关于两家公司故事的书。他又开始抢作家的饭碗了,人们好奇马斯克眼中的自己究竟是个什么样子。

当你痴迷于马斯克的故事之时,你已经成为他的"精神信徒"。2014 年 7 月,一个叫宗毅的中国首批特斯拉车主千里迢迢进京提他预订的 Model S，像迎接自己的新娘。为了能开回广州，他发起了一次捐建众筹行动，竟然靠此成为网红老板。

传奇的路易·威登

几乎每一个高端品牌的开场白，都有一个传奇故事。故事中最吸引人的地方，是那些鲜活的细节。

比如，路易威登（Louis Vuitton）的传奇故事相当引人入胜并广为流传。

1821年，路易·威登出生在法国山区的木匠之家。14岁之前，从未出过门的路易·威登整天和木屑打交道。一天，村里来了一名外乡的时髦女郎，她向没有见过世面的村民吹嘘巴黎的繁华："这个鬼地方怎么连月亮都显得那么肮脏？巴黎的月亮比这里好看一百倍！"

这句话在小小的路易·威登心里留下了一颗种子。14岁的路易·威登决定离开家乡，到巴黎去闯一闯。他一路上边打工边赶路，一路步行，跋山涉水，470千米的路程竟用了两年。

到了巴黎，饥寒交迫的路易·威登坐在一家高级皮具店门口，打量着来往的客人。这些客人衣着华丽，出手阔绰。购买数百法郎的手提皮箱，眼睛都不眨一下。聪慧的他意识到，改变命运的机会来了，于是向店老板马歇尔提出想当学徒的意愿。谁知老板一口回绝："我们不收学徒，只收技艺高超的师傅。"

不得已之下，路易·威登在一家服装厂里谋得了一份"捆衣工"的差事。每天的工作就是捆扎衣服然后打包。日复一日的打包工作，使得路易·威登练就了"在最小空间装最多衣服"的打包本领。

两年后，不甘心做一辈子打包员的路易·威登再次来到这家高级皮具店。恰逢一位女士抱怨皮箱太小，装不了20条裙子，他瞅准机会，走上前去说："这个皮箱能装下您的裙子，不信我装给您看！"几分钟后，路易·威登将女士的20条裙子平平整整地叠放在了箱子里。最后，女士满意地掏钱购买了这只箱子。

路易·威登趁机再次向店老板提出做学徒的想法，这一次马歇尔没有拒绝他。在皮具店里，路易·威登之前学过的技能大派用场。他的工匠手艺，能帮助老板制作出结实耐用的行李箱；而两年的打包工作经历，让他经常思考如何在有限的行李箱空间里装最多的东西。

1844年的一天，几位身着华丽、举止不凡的女人来到店里，她们对行李箱挑三拣四："你们就没有更大的箱子吗？"路易·威登感到这群女人来历不凡，他马上回复道："我们可以定制更大的箱子，但事实上只需要改变一下整理方式，就能装更多的物品。"于是，他趁机提出可以到顾客家里量尺寸，定做箱子。

路易·威登的一席话打动了她们。她们将他带上马车，马车停在皇宫前,他这才意识到原来其中一位顾客是欧仁妮皇后。由于他有熟练的手艺,很快就把皇后的行李都装进了行李箱,出色地完成了任务。

1853年,路易·威登成为欧仁妮皇后御用的行李箱专家,同年,路易·威登荣升为店老板的首席助理。1854年,路易·威登结婚。在新婚妻子的鼓励下,路易·威登萌生了创业的想法。这一年,路易·威登结束了17年的打工生涯,在巴黎核心地段开了第一家行李箱店。由于缺少启动资金,妻子拿出了嫁妆和过去所有的积蓄。

成立公司后,路易·威登立即做了一个影响深远的重要决定:以耐用又防水的帆布物料将旅行箱覆盖。1858年,他推出一款方便运输的平盖白杨木行李箱。这款行李箱表面覆以优质灰色防水 Trianon 帆布,角位以金属包边,装上手挽及托架,表面用榉木条以铆钉钉牢;内部设计同样富有心思,一列隔底匣及间隔方便摆放各式衣物及优雅衬饰。它一经推出,就受到了皇室贵族的追捧。

就这样,路易·威登迎来了属于自己的行李箱时代。

如果说坚持手工艺为路易威登在消费者心目中树立了品质卓越的印象,那么传奇品牌故事无疑为路易威登带来了极高的附加值。超凡品质,品牌传奇,是路易威登品牌魅力的重要来源。随着时间的推移,其品牌价值在传说的氛围中不断凸显。

路易威登品牌具有一个引人入胜的高端品牌传说所具备的

全部要素：

一是历史悠久。它的传奇故事，从路易·威登出生的那天就已开始了，距今已是200多年了。

二是逆境磨炼。路易·威登14岁离开家乡，历经千辛万苦来到巴黎，从一个打包员做起，凭借自己的天赋和超凡的技能，逐渐受到皇室贵族的赏识，成为皇室的御用打包员。

三是走向巅峰。1854年，路易·威登辞职创业之后，不断在事业上取得成就，走向人生巅峰，多位国王、君主都通过路易·威登定制行李箱。

四是精神传承。路易·威登的故事只是开始，在接下来的100多年里，路易威登的后人不断续写传奇，为故事添砖加瓦。除了19世纪的多位国王是路易·威登的客户之外，一些影响世界政治、文化进程的近现代名人也是路易·威登的拥趸。

比如，在奥黛丽·赫本的影片《黄昏之恋》与《谜中谜》中，路易威登行李箱和手提包的出镜率非常高；查尔斯·林德伯格完成世界首次单人跨越大西洋飞行，为庆贺胜利买了两个路易威登的行李箱；戈尔巴乔夫专门为路易威登的旅行箱拍摄系列广告片；道格拉斯·费尔班克斯曾为摆放各种水晶瓶和龟壳梳子而定制化妆箱；莎朗·斯通定制过能装得下很多化妆用具的旅行箱。

从诞生的那一天起，路易威登就开始了名人的特别定制业务。这些定制业务满足了高端客户的个性化需求，同时向世人提供了一个又一个津津乐道的话题，不断创造新传说、新故事。更为重要的是，路易威登通过个性化定制，能直接了解高端客户的真实想法和需求。将这些信息汇总下来，就能洞悉高端人群的消费喜好与消费趋势。

创始人与名人的故事，不仅是路易威登品牌的金字招牌，而且为品牌增添了巨大的光环。路易威登用高品质征服了最挑剔的人，用创始人与名人的故事，征服了全世界的心。

用故事打动人心

亚里士多德曾说过这样一句话：我们无法通过智力去影响别人，而情感却能做到这一点。人类是情感动物，而故事本身就是情感的放大器。好的故事，是与顾客建立情感的桥梁与纽带；好的故事，能够与消费者形成共振，继而形成共鸣。

故事比道理流传更广，也更深入人心。

尤瓦尔·赫拉利在其代表作《人类简史》和《未来简史》中反复指出：人类和其他灵长类相比，最大的不同是能在头脑中构造出从物理角度看不存在的东西。正是因为拥有了想象力，人类才能创造制度、文化、艺术、科技与武器，团结在一起，战胜大自然，成为地球之王。

如何让所有的智慧可理解、可传承、可执行、有说服力？讲故事是最好的解决方案。讲故事不仅是人类的本能，而且是文化不断演进的驱动力，它贯穿人类进化的每一个历程。

通常来说，高端品牌给人的感觉是高高在上，甚至是冷淡的，它们必须说服顾客用很高的价格，去购买日常根本不常用的商品，这是一个巨大的挑战。此时，就需要有一个好故事来拉近彼此的距离，在顾客心中荡起涟漪、激起浪花。

因此，向消费者讲述激动人心的故事，是所有高端品牌所面临的必修课。正如 IWC 万国表前行政总裁乔祺斯所说："如果今天想卖出一块表但是背后没有故事，那么一定是卖不出去的。"

全球营销大师菲利普·科特勒也注意到这种依靠故事展开营销的行为，并对故事营销进行了定义：故事营销是通过讲述一个与品牌理念相契合的故事来吸引目标消费者，在消费者感受故事情节的过程中，潜移默化地完成品牌信息在消费者心智中的植入。

创造故事并不困难，真正的困难是如何让故事打动人心。那么讲故事有什么方法和捷径吗？当然有。

宝洁公司前首席营销官吉姆·斯登格曾花了一年时间拜访众多由理念驱动的企业。他发现，建立强大而持久的品牌，需要讲好两类故事：一类是创世型故事，重点是公司的创业传奇；一类是顾客型故事，重点在于品牌是如何给人们的生活带来积极影响和改变的。他后来与人合写了一本书《增长力：如何打造世界顶级品牌》。

根据他的观察，创世型故事展现了品牌或公司创立之初的动机，而每一家伟大的公司都是对某个真实存在的特定顾客需求的响应。每一个伟大的公司，都有一个英雄，每个英雄都有一个充满艰辛与挫折的奋斗故事。没有人天生就是英雄，没有人能一帆风顺。在一次又一次的失败中，英雄们用孤独成就伟大。

几乎每个高端品牌都有一段传奇的创世故事，特斯拉、沃尔沃、茅台、华为、慕思，概莫能外。

认识慕思寝具创始人王炳坤的人，都知道他是一个"床迷"。只要在国外考察学习，他就会到各地的酒店体验各种床垫，看到好的产品有了感觉，他会毫不犹豫地把它买回来，用到心动了、喜欢了，就想办法引进中国市场。

2003年一次意大利考察经历，让王炳坤萌生了自创品牌的想法。考察期间，当地一家酒店的床居然"治好"了他的入睡难问题。直到今天，他都还记得那张床带给他的感受，"我发现酒店里的床让人感觉好像漂在水里，软硬度非常适中"。

这真是一张从未见过的、神奇的床。王炳坤将床垫翻过来，终于发现它的秘密：排骨架。他惊叹："每一根排骨架，都可以根据人体曲线的弧度、压力来调节软硬度，所以人躺上去的时候，就可以贴合他的脊椎，符合他的体型，非常科学。"原来，排骨架对改善睡眠竟有着至关重要的作用！这让他大受启发：床具不仅仅指一张床垫，而是包括排骨架在内的一整套系统。细心的王炳坤马上记下了床垫的生产商。

此次意大利之行让王炳坤深切地体会到什么叫差距：他自己所代理的床垫，无论从软硬度到材质再到舒适感、透气性等方面都无法与之相比。这种差距不仅仅是技术上的，更是理念上的。人类 1/3 的时间都是在床上度过的，健康睡眠如此重要，但在当时，国内的床垫企业很少重视健康睡眠，也很少关注排骨架。他决心做出重大改变，选择走一条国内企业从未走过的路。

秉持"要么不做、要做就做最好"的理念，王炳坤筹集 200 万元资金，开启了全新的创业旅程。2004 年，慕思寝具诞生，工厂设在中国家具行业重镇——东莞厚街镇。这里云集着数百家家具企业，仅家具专业市场就有近十个，有着国内最完整的家具产业链。更重要的是，每年都会举办世界第三大的名家具展，其规模仅次于意大利米兰展、德国科隆展。在这里，王炳坤打开了一扇通往新世界的大门。

之前他在上海做床垫代理商时，就发现上海对质量、服务的要求特别高，而且对高端床垫有一定的接受度。既然慕思要做全球最好的床垫，那就应该接受最挑剔顾客的挑战。在王炳坤的坚持下，慕思将首批专卖店开在上海。创业第一年，慕思在上海开设了十多家专卖店。

彼时，中国大约有 2000 家公司在做床垫，公司间功能概念相互模仿，导致生产成本持续攀升，整个行业陷入同质化竞争之中。在很长一段时间里，中国制造一直追求"物美价廉"。当全球化达到一定程度，"物美"与"价廉"必然产生矛盾。当无法与欧美发达国家相抗衡之时，只能通过降低各种成本来实现所谓的"物美价廉"，但微薄的利润很难支撑技术升级、管理升级的需要。

慕思的做法与众不同：用国内外高端的材料、先进的技术制造出具有品质的床垫，再用上等的服务来赢得消费者的口碑。这样一来，产品成本必然会高，层层传导到市场终端，就变成一个字：贵。因此，一开始慕思的床垫被市场视为天价产品，远远超出了普通消费者的承受能力。不少业界人士对它充满质疑，甚至嗤笑慕思不自量力。

高端品牌需要一个长期培育的过程，高端品牌的成功更需要忍受孤独、同行的嘲笑，甚至业绩的压力。虽然这条路无比艰难，但王炳坤下定决心走下去，最终慕思大获成功。

品牌的"英雄之旅"

从特斯拉、路易威登、慕思等高端品牌的故事中，我们发现创始人往往具备勇敢、聪颖、坚韧、实干等优秀品质。更重要的是，他们善于打破"不可能"，这种特质使他们身上都弥漫着英雄般的光环。

为了百分之一乃至万分之一的可能性，高端品牌的创始人们愿意付出百分之百甚至一百倍的努力。

比如马斯克是火箭制造的外行,但他读了几本书之后竟然决定投资创立 SpaceX,是何等的不自量力?要知道,在他之前,航空航天绝对是只有倾一国之力才能建设的事业。他虽然是亿万富翁,但口袋中的 1 个亿美元还不够塞研发制造火箭的牙缝,31 岁的他竟然不知天高地厚、进军火箭制造业!

为了走出去,少年路易·威登花了两年的时间"流浪"到巴黎。被高级皮具店拒绝后,他依旧坚持不懈,以勤奋之心抓住机遇,更花了十多年时间走入皇室。

再说说慕思。东莞是制造业重镇,是"三来一补"加工业的世界基地。"三来一补"就是赚"快钱",谁会想到做品牌?放眼中国,所有寝具品牌都在强调性价比、大众化,谁会想着做高端品牌?小小的慕思拿着百万级的投资就想"整合全球睡眠资源"打造"高端睡眠系统",谁会相信它能成功?假如你是王炳坤,你会选择这样艰难无比的华山险路吗?

在研究了数以千计不同时代、不同文化中广为流传的神话与传说后,研究比较神话学的美国作家约瑟夫·坎贝尔发现,所有神话都有一个共性:英雄之旅。这是一个平凡人在使命的召唤下,突破枷锁,历经重重磨难后的自我蜕变之旅。

他的研究成果《千面英雄》《神话的力量》等书籍使他成为后来娱乐神话的影响者。乔治·卢卡斯用"英雄之旅"理念制作的《星球大战》三部曲大获成功。

无论在好莱坞电影大片中,还是在品牌价值塑造中,"英雄之旅"都可以当作一个指南。无数品牌通过"英雄之旅",讲述了一个又一个引人入胜的故事。乔布斯在车库创办苹果公司,任正非 44 岁借 2 万元创业,茅台酒在巴拿马万国博览会上被"怒摔酒瓶成名"等鼓舞人心的故事,润物细无声地传递着企业的核心价值观,让品牌拥有了传奇色彩并且独具魅力。

几乎每一个成功的高端品牌,都在强调其历史渊源。比如,在宾利的品牌大事记中,创始人本特利设计"螺旋桨式飞机发动机"的故事是最不可缺少的一部分;宝玑手表为法国王后玛丽·安托瓦内特皇后耗时 44 年、运用 823 个零件打造怀表的故事,总是被人津津乐道;而爱马仕创始人蒂埃利·爱马仕用精湛的手艺征服法国拿破仑三世和俄国沙皇尼古拉一世的故事,让所有爱马仕人引以为傲。

同时,时间也是品牌资产的一部分。这些创始人的故事被赋予了生命,经历岁月沉淀却依然动人。它们让品牌理念生生不息,成为陪伴品牌成长的重要精神力量。

当然,故事有很多类型,不限于创业和创始人。在众多类型的故事中,有关顾客的故事,常常能引发人们的共鸣。

腕表品牌百达翡丽有一则经典的广告语:"没人能真正拥有百达翡丽,只不过为下一代保管而已。"自从 1996 年以来,百达翡丽一直使用"代代相传"为主题的平面广告,从未间断。温馨而亲密的家庭照片,散发出强烈的感染力。不论何种文化背景，这种真挚情感足以令人感同身受。

在推出这则著名的广告之前，百达翡丽曾向潜在客户做了一个内部调查。当它向尊贵的客人展示那些全球名人手戴百达翡丽腕表的照片，几乎所有人都摇着头。"那我呢？"他们问，"为什么我非得要听别人的故事，借用别人的赞誉？"这些潜在客户，不想重复别人的生活，只想成为独一无二的自己。

二十多年来，百达翡丽以"代代相传"为主题讲述了无数个温馨的家庭故事，记录了无数珍贵的永恒时刻。"代代相传"代表的是每个人所渴望的一种理想家庭关系。仅仅一张照片、一句广告语，就将人文关怀发挥到极致。

百达翡丽的实践揭示了讲故事的一个基本原则：代入情感，影响顾客。正是饱含情感的故事，让潜在客户体会到浓浓的人情味。人是理性动物，但在高端消费时，情感往往会战胜理性。这种情感并非昙花一现，更不是一时冲动，而是在表达你内心的渴望。

品牌让世界变得更美好，品牌不是由一组冷冰冰的数据组成的，而是由一个又一个鲜活的人和故事构成的。百达翡丽如此，Zippo 亦是如此。

1961 年，在南越战场上，美国军官安东尼的左胸口受到枪击，口袋里的 Zippo 打火机挡住了子弹，救了安东尼一命。战后，Zippo 公司期望他能将那支打火机送修，但安东尼把这枚打火机视为救命恩人，贴身收藏，留作纪念。

顾客故事是对品牌理念通俗化、直白化的表达。一个个看似传奇、饱含情感的故事，串在一起，就形成了品牌理念。故事的代代相传，传承的是品质，共鸣的是情感。传播和传承一种文化最有力的形式，就是一个好故事。

当然，创作和传播顾客故事必须遵循真实的原则。故事可以用艺术渲染，但绝不可虚构乱造。一个虚假的故事，不仅无法让顾客产生深度共鸣，而且一旦被识穿，会对品牌声誉产生不可预估的负面影响。

跨越时间的细节

故事中最吸引人的地方，不是深刻的道理，而是那些鲜活的细节。

爱马仕包包贵在哪里？

克里斯蒂安·布朗卡特曾经在《奢侈：爱马仕总裁回忆录》中讲述了一个故事的诸多细节：

在南非约翰内斯堡的草原深处，住着一群最尊贵的鸵鸟——"爱马仕鸵鸟"。它们还没出生就开始享受最尊贵的待遇：和其他鸵鸟蛋不同，"爱马仕鸵鸟"蛋被分开放置，每个蛋用一块木板与其他隔开。

出生后，每一只鸵鸟宝宝会拥有单独的房间，得到精心照顾。这是为了确保它们的皮肤完美无缺，没有一点点划痕，哪怕是雏鸟时期相互啄伤也不被允许。

鸵鸟天生热爱奔跑，等长得再大一些，它们就会拥有独立的游乐园和长长的跑道。在这里，鸵鸟能自由奔跑，但没有磕磕撞撞的风险……

这些细节衬托出爱马仕品质的高端以及产品的稀有。越是稀有，越是珍贵。尽管每只爱马仕鸵鸟包的价格不菲，但依然有很多消费者愿意在排队等候的名单上写下自己的名字。

为什么人人都想拥有一块劳力士手表？

1927年，年轻的英国泳手梅塞迪丝·吉莉丝佩戴劳力士蚝式腕表成功横渡英吉利海峡。游了十几个小时之后，其腕表依然运行如常，丝毫不受影响。事后她写信给劳力士以表感谢："当我横渡海峡之时是它为我提供精准的报时，即便是在冰冷的海水中浸泡了那么久，它也没有罢工，一直陪伴着我。"

此后劳力士声名大噪，一个新的传奇就此开启。

为什么路易威登箱子备受世人追捧？

1912年，豪华邮轮"泰坦尼克号"因撞上冰山而沉没海底，和露丝一起幸免于难的，还有一只路易威登硬壳箱子。100多年来，经过海水的浸泡腐蚀，箱子虽然变形，但箱子内部却未渗进一滴海水，里面的物品依旧完好无损。"滴水不漏"的传奇故事，为路易威登树立了品牌声名。

品牌与名人从未脱离过联系。奥黛丽·赫本，让纪梵希风靡全球；莎朗·斯通仅凭那张脸，就可以将迪奥腕表的销量直线拉升；戈尔巴乔夫，为路易威登带去了惊人的品牌效应。不过，保持品牌的热度，仅靠名人是不够的，如何让品牌一直成为中心话题，才是关键所在。

当每一个高端品牌都和名人相关联的时候，人们更加期待不一样的惊喜发生。那些有故事、有新意甚至全球瞩目的大型活动，已成为新的法宝。

2019年10月4日，一场躺着的音乐会在长城脚下举行。新古典代表音乐家马克斯·里希特在8小时时间里用钢琴、弦乐五重奏，携手女高音共同演绎他的代表作《SLEEP/眠》，从深夜持续到黎明。他创作的《SLEEP/眠》长达8小时，是史上最长的古典音乐作品。2015年，该作品在BBC（英国广播公司）3台全程播出，创造了单部作品最长播放的吉尼斯世界纪录。在这场特别的音乐会中，观众舒服地躺在350张慕思床垫上边睡边听。这场别出心裁的音乐会，以独一无二的场景来吸引所有人的目光，让慕思声名大噪。

万国表为了推广飞行员系列中的TOP GUN海军陆战队机械表，讲了一个类似好莱坞电影《壮志凌云》的故事。万国表曾在日内瓦高级钟表展上将展台按照1∶1的比例建造成航母模型，内部的指挥岛、飞行员更衣室和飞行甲板一应俱全，腕表就陈列在控制塔内。人们一旦进入这个展台就像真正扮演了一回《壮志凌云》中的角色，不知不觉融入故事的情景与氛围里。为了增强这种体验，万国表还专门邀请《壮志凌云》的导演和演员讲述当时的电影拍摄场景。

营销的最终指向是增加销售额,但高端品牌的营销还身兼另一个重任:如何将品牌理念植入顾客的潜意识里。

人们买万国表,不是为了精确地掌握时间(这些动辄数万元的高端机械表,并不比几百块钱的石英表走得准);更不是为了随时了解时间(因为要了解时间有手机就足够了)。人们购买的是它奢华尊贵的气质以及内含的品牌故事。正因为意识到这一点,万国表每推出一款新品,都会讲述一个与众不同的故事。

任何一个新产品都必须和品牌历史或品牌故事相联系,而且每一个新产品也应该创造属于自己的故事,就像爱马仕鸵鸟包、万国海军陆战队腕表所做的那样。

不要忽视产品和顾客世界里的每一个细节,也许把细节放大,就会成就一个意义非凡的故事。

伟大源于细节的积累。

第二节　造梦大师

梦想方程式

几十年来,奢侈品行业有一条黄金法则:永远不要问人们想要什么,而是要告诉人们值得拥有什么。听起来,这条法则有点虚无缥缈,但如果进一步深究下去,就会发现非常有趣。

你值得拥有什么?奢华的生活,尊贵的享受,名人般的待遇,艳羡的目光……如果仅值得拥有这些,未免太肤浅了。

有一样东西,是每个人都值得拥有的,那就是梦想。每个人的梦想千差万别,却依然存在共性:和谐的家庭,美好的生活,热爱的事业,自由的时间等。那是世间一切美好的终极指向。

正因为这些共性,才能激发人们的共鸣。因此,在告诉人们值得拥有什么之前,我们还需要做一件非常重要的事:给用户造梦。

梦想让品牌摆脱了现实的束缚。一方面,梦想令品牌具有广谱的受众,因为人人都有美好生活的梦想;另一方面,梦想托起品牌的高端，因为既然是梦想，肯定不是随手可得的东西，价格昂贵就变得合理了。

德国曾有一家保时捷汽车专卖店，生意一直不景气，销量不断下滑。后来，店里来了一位名叫保罗的销售人员，他用一个小点子，就成功卖出 47 辆保时捷汽车。

他是怎么做到的？靠的是给用户造梦。

在拜访意向客户之前，他都会开着店里最新款的保时捷汽车，在客户房子周围绕几圈，然后找一个最好的角度把车停下，掏出相机给保时捷新车与客户房子拍照。拜访客户的时候，他从来不提车的话题，只是聊聊客户的房子和孩子，然后就回到店里。

到店里的第一件事，就是将这些照片冲洗出来，邮寄给客户，并附上一封信。信中写道："上次拜访您的时候，发现这辆车停在您房子前，实在太美了，于是忍不住拍了一张照片，现在打印出来送给您！如果您觉得很美，欢迎您到本店预约看车！"

客户在照片上看到的是：一辆崭新的保时捷轿车静静地停在自家房子前，褐色的墙面，白色的窗户，金黄的树叶，映衬着黄昏的晚霞，一切都显得那么美好与富足。于是在他们的脑海里涌现出想拥有这一切的强烈愿望。

2 个月里，保罗一共拜访了 169 位客户，其中超过 30% 的客户收到照片后都选择了预约看车，最终有 47 名客户成功购买。所有的新车主几乎都说过同样的一句话：这辆车实在是太漂亮了，感觉就是专门为我们家定制的一样！

保罗卖的并不是车，而是梦想。他用那张精美绝伦的照片，激发了人们对美好生活的渴望。

很多专家认为，营销的本质是为消费者造梦，即为消费者创造并提供一种对接其梦想的生活方式。有人甚至将之视为最高级的营销。其实，对高端品牌而言更是如此。一个产品卖得贵如果只是因为堆砌了很贵的原材料，那它不是品牌，更不是高端品牌。

法拉利前 CEO 费立萨曾表示，法拉利的供给永远低于市场需求，让客户等待也培养了他们对法拉利的期待感，因为我们销售的不是车，而是梦想。

所有的梦想都值得等待，这就是法拉利的魅力所在。

古驰前总裁罗伯特·波乐特（Robert Polet）认为，人们购买古驰，是因为他们想拥有一个特别的梦想。在走进商店之前，他们已决定"这是我的一个梦想，我想拥有它"。

平价品牌总在强调性价比，将人们带入一个现实世界。但高端品牌却在不间断地传递一致的梦想与情感，把人们带进一个感性的世界，忘却在经济上的实际考量。

这就是梦想的价值所在。

梦想真的有价值吗？它的价值可以量化吗？

1995 年，杜波依斯（Dubois）与帕泰诺（Paternault）通过

研究美国消费者对 34 类奢侈品的购买习惯、感知和态度，得出一个描述奢侈品品牌知名度、梦想价值（对该产品的渴望拥有程度）和消费者购买行为之间的关系公式：

梦想价值 = $-8.6 + 0.58 \times$ 品牌知名度 $-0.59 \times$ 用户购买行为。

这个公式首次将梦想价值量化，并科学地阐释了品牌知名度、用户购买行为与梦想价值之间的关系。

在这个公式中，-8.6 表示当品牌知名度与用户购买行为为零时，品牌的梦想价值是负值。也就是说，一个品牌如果没有知名度，那么消费者是没有消费欲望的。这个时候，梦想价值是负数。

+0.58 表示品牌知名度与梦想价值正相关，知名度越高，消费者就越渴望拥有。与此相反，-0.59 表示品牌使用者的增加会降低品牌的梦想价值。这意味着，一个品牌的梦想价值随名气而增加，随实际购买而稀释。在购买行为产生之前，知名度越高的品牌，梦想价值越大。可一旦购买了这个品牌，它的梦想价值也随之破灭。

这个公式将"品牌知名度"与"用户购买行为"置于一个拔河游戏中，它要求品牌必须一边提高知名度与美誉度，一边小心翼翼地控制销售量，以维持品牌梦想价值。当然，奢侈品属于高端品牌中的高端产品，它追求的并非规模，而是品牌的高昂溢价。高端品牌并非都要像奢侈品那样做到极致，但价格本身就是控制销量的重要杠杆。

梦想刺激购买，购买粉碎梦想。看起来充满悖论，可正是"渴望拥有"但"不可拥有"的感觉，让品牌独具魅力。

在给用户造梦之前，我们可以设定一个情景：假如你买彩票中了大奖，你认为什么品牌的奖品，能带给你最大惊喜？《奢侈品战略》一书的作者用这个简单的提问，引申出了两个关键问题：

第一，品牌没有知名度，就没有梦想价值。这很容易理解，如果你不知道路易威登，你会想拥有一只路易威登手袋吗？适度的广告是必要的，路易威登是全球广告投放量最大的时尚品牌。

第二，如果品牌知名度高，就要权衡知道品牌的人数和购买品牌的人数的差距。对于大众品牌来说，产品销售得多，并不影响品牌的梦想价值，但对高端品牌而言，影响却非常大。因为这会让品牌失去独特性与尊贵性。因此，给购买设置障碍，营造稀缺性，是十分有必要的。

稀缺性管理是高端品牌管理的重要内容。这些稀缺性管理，包括但不限于：

原材料的稀缺性是利用珍稀原料实现的，例如爱马仕的鸵鸟皮，慕思的太空树脂球，劳力士的陨石表壳等。

技术的稀缺性是用最顶尖的工艺和技术达成的，例如戴森吹风机采用了创新的 Air Amplifier 气流增倍技术等。

限量的稀缺性是用限量发售维持产品稀缺性，例如"世界上最稀有的跑车"布加迪 Chiron Pur Sport，仅限量 16 台。

信息的稀缺性是通过控制信息来造成感知的稀缺来完成的。例如柏林之音，只是在少数音响发烧友之中流传，并不为大众所知，但这并不影响它成为世界上顶级的音响品牌之一。

一些刻意散布的小道消息也能提升品牌的梦想价值。例如曾有传言说，在巴西，持有美国运通百夫长黑金卡的人不超过 10 个人；据说持有该卡的人，几乎能满足你的一切愿望（法律许可范围内）。

梦想公式的出现，证明了梦想是可实现且可量化的。某种程度上，一个高端品牌的价值是由梦想价值的总量决定的。因此，每个品牌都必须重视梦想的价值，且找到属于自己的独一无二的梦想。

信念的力量

《奢侈品营销与管理》的两位作者丹尼尔·兰格与奥利弗·海尔曾做过一项专项研究，他们通过某个品类里最昂贵商品价格除以最便宜商品价格所得出的倍数，来评估该产品品类的高端消费潜力。

在对照了 50 个产品品类之后，他们发现，几乎每一个品类都具有高端消费的潜力：

涉及日常生活的几个行业中，女士内衣最高价除以最低价的倍数最高，达到了500万倍；手机次之，达到了130万倍；女鞋排名第三，为40万倍。其他产品最高价除以最低价的倍数分别为：32万倍（手表），16万倍（葡萄酒），10万倍（香水），3万倍（香烟），8万倍（钢笔），5万倍（音响设备），3.3万倍（房子），2.9万倍（手提包），1.8万倍（床）。

倍数最低的是洗衣粉，但也有3.6倍。除了洗衣粉之外，倍数较低的还有如下产品品类：牙膏（12.5倍），咖啡（29倍），电动剃须刀（70倍），牛奶（90倍），卫生纸（150倍），吸尘器（180倍），水（200倍），洗发水（200倍），卫浴水龙头（225倍），啤酒（333倍），男鞋（366倍），平板电视（400倍），牛仔裤（667倍），巧克力（1444倍），面霜（2204倍）。

其中有一个特别的产品——泰迪熊，最高价是最低价的9333倍。

他们还发现，最贵的床、汽车和手机价格差不多，仅是最贵内衣价格的1/10。这意味着，高端产品的价格，其实与功能价值没有多大关系，很大程度上取决于其附加价值、差异性与独特性。

由此，两位专家得出的结论是：理论上，所有产品品类都有可能出现高端品牌；一个品牌的消费主张越独特，其附加价值越高，越有可能成为艺术品。

这一观点与定位派专家艾·里斯的观点如出一辙。后者认为，以高价发动侧翼战的机会很多，几乎任何一种商品或服务项目，都有绝佳的机会在高端发动进攻。

因此，高端反而是比较好的定位策略，因为具备高端属性的产品会在消费者心智中占据独特和第一的位置。如果我们厘清它的底层逻辑，就会发现"原来涨价是最牛的商业模式"：越高端，品牌力越强悍；越昂贵，越吸引购买。

近十多年来，收藏茅台、囤积茅台、投资茅台甚至成为消费者、投资者和经销商的一种"信仰"。人们不再关心它的生产成本是否很低，也不再关心茅台镇的其他酱酒企业鼓吹的品质近似的话题，因为茅台酒几乎已经脱离了产品这个具象实体，而变成广大茅台"信徒"强大的财富象征。

高端品牌往往会给人一种认知：高价格等于高质量。这样根深蒂固的认知，能快速帮助品牌在消费者心目中建立好感。

成功实施高端侧翼战的前提，是拥有独特的品牌价值主张，并且一以贯之，毫不动摇。

营销理论发展至今，历经了产品营销的 1.0 阶段、情感营销的 2.0 阶段、价值观营销的 3.0 阶段到价值观与社群双轮驱动的 4.0 时代。然而，无论是 3.0 时代，还是 4.0 时代，价值观一直是营销的核心要素。对于高端品牌而言，尤为如此。

从学术角度看，品牌是销售者向购买者长期提供的一组特定的特点、利益和服务（菲利普·科特勒在《市场营销学》中下的定义）；从消费者角度看，品牌是对企业产品、服务及一系列互动后留下的认知；从社会学角度看，每一个品牌代表了一种信念，因为其最持久的含义和实质是其价值、文化和个性。比如哈根达斯代表了爱，法拉利代表了激情，哈雷代表了自由个性。

信念是人格化的具象表现。通常来说，人们会选择与自己人格相一致的品牌。1956年社会心理学家所罗门·阿希（Solomon Asch）证实，个人在群体中会受到群体的压力与影响，从而在知觉、判断和行为上趋向表现与群体中多数人一致。

法拉利很少做广告，但是它在一级方程赛事上却投入巨大，因为它相信，这能加强"激情、速度、力量"的信念。

为此，法拉利前CEO费立萨曾严肃地说过这样一句话：赛车是法拉利的灵魂，我们没有理由失败！如果法拉利车队一直表现不好的话，我们这些人全部要辞职，这是不能容许出现的情况。

在信念塑造上，哈雷比法拉利有过之而无不及。哈雷摩托是世界上最有号召力的摩托车品牌，哈雷车迷来自不同的国家，来自不同的领域，但是他们有一个共性：无所畏惧，崇尚自由，追求个性。美国摇滚歌手猫王、著名影星施瓦辛格、约旦国王侯赛因等无不为哈雷摩托疯狂。电影《低俗小说》中那句台词"这不是摩托，这是哈雷"，贴切地表达了哈雷车迷的心声。

同时，哈雷还是无数美国年轻人的精神象征。在美国，有一句谚语：年轻时有辆哈雷·戴维森，年老时有辆凯迪拉克，此生了无他愿。可见，在哈雷车迷心中，哈雷不单纯是一台摩托车，更是一种信念。

价值主张就像是品牌的 DNA 一样，它是伴随着企业创世纪故事与生俱来的，流淌在品牌的血液里。它是品牌的原则，一旦确立，所有的行为都要围绕它而进行。

如果你的品牌是无添加的环保品牌，那么你的产品包装就必须避免使用不可回收的塑料袋；如果你的品牌价值是像哈雷一样追求自由、个性，那么你真的要好好考虑，是否有必要让店员西装革履地接待顾客。

大多数企业家都是现实主义者。利润是每一个企业所追求的目标，但利润对于公司来说就像空气一样，是生存的必需条件，但不是生存的理由。不追求利润是可耻的，但只追求利润则是可悲的。

企业的经营情况会有起伏，可能今年赚钱明年亏本，但不管什么时候，不能轻易对品牌价值主张改弦易辙。正如古驰前总裁罗伯特·波乐特所说，品牌经营是一辈子的事情，所以不能轻率地在每个季度、每年或每两年就调整。不论发生什么状况，都要坚持这一点。可以调整开支及经营方法，但不能背弃品牌精髓及长期战略。

因此，高端品牌不会努力取悦所有人，而会吸引那些与其信念相似的消费者。某些消费者可能不喜欢，但那些认可品牌信念的消费者，能与品牌建立更深层次的联系。很多人诟病法拉利的发动机轰鸣声太响，但这并不影响法拉利忠实消费者对它的喜爱。这就够了！更何况，它原本就没有打算让全天下的人都来买！

交易只会带来一时的收入，信念的共鸣则能带来高度的品牌忠诚。忠诚不只带来此人未来的多次复购和推荐，还会带来口口相传的传播效应。这就是品牌的魅力所在。

取悦少数派

品牌管理学教授 Jean-Noel Kapferer 曾做过一项调查，让法国 HEC 高等商学院的学生从 16 种购买高端品牌的动机中，选出 5 种对自己最有吸引力的诉求。调查结果出乎他的意料。产品的美感和优越性能分别以 79% 和 75% 位列前两名，一般人认为最重要的品牌魔力，反而以区区 47% 排名第三。

美感如此重要，但令人诧异的是，2020 年七夕，巴黎世家推出一组具有浓烈中国"土味"、如同 20 世纪 80 年代挂历风格的产品广告。由于该广告跟当下的审美严重不符，受到中国网民的群嘲。

有网友在微博上评论："所有这些照片似乎都是 1990 年代农村摄影工作室拍摄的作品。它们完全落后于时代。"很多人好奇：享誉全球的巴黎世家为何对中国审美的认知停留在 20 世纪 80 年代，难道不怕自砸招牌？

其实这组"让人大跌眼镜"的广告，与文化偏见无关，更并非水土不服，而是一种商业"套路"。

有人说，创意是时尚奢侈品行业的灵魂，而灵魂的主宰者就是设计师。巴黎世家的设计师德姆纳·格瓦萨利亚（Demna Gvasalia）被誉为时尚圈过去十年里最闪耀的设计大师。早在创立轻奢品牌VETEMENTS时，他就经常将一些经典时装与街头文化相结合，呈现出带有复古意味的新风格，从而奠定了他在时尚圈的江湖地位。

德姆纳·格瓦萨利亚还是一个营销大师，他知道如何颠覆人们的审美，让看似过时、丑陋的服装具有致命的吸引力，让人们深陷其中、无法自拔，让媒体如痴如狂，热烈讨论。2015年10月，巴黎世家说服他放弃了自有品牌，成为巴黎世家的灵魂设计师。CEO对他的期待是"用现代化的剪裁手法重新解读上个世纪的优雅"。

重温20世纪八九十年代的经典，无论是时装发布会，还是广告画面，都没有脱离德姆纳·格瓦萨利亚设计的主要框架。他的设计向来充满争议：一边是潮人情有独钟的街头文化，一边是大众吐槽看不懂的审丑风格。他不走寻常路，将街头文化与素人文化融入创意之中，形成独一无二的设计风格。

如果把巴黎世家的七夕新品广告，放在更长的时间维度去审视，我们就会发现，它只是基于品牌长期战略的一次常规营销动作，与其长期性的品牌战略是一脉相承的。

对大众品牌来说，满足客户需求是核心，但对高端品牌而言，则要超越客户的需求。

将丑变为美，本身是一件具有挑战性的事。伟大的作品都充满争议，并非人人认可，也不能奢求大众欣赏得来。例如概念前卫、想法超前、令世界惊艳的迪奥报纸裙，如果因为有人质疑"有谁会穿报纸裙"而在设计上进行妥协，那么它不可能成为伟大的设计作品。

如果巴黎世家因为中国网友的吐槽，而改变了设计风格甚至品牌调性，那么它也就会丢掉灵魂，淹没在茫茫的产品中，无处寻踪。

经济学有一个著名的涓滴效应，它源自美国幽默作家威尔·罗杰斯（Will Rogers）在经济大萧条时期的一句反讽：把钱都给上层富人，希望它可以一滴一滴流到穷人手里。后来，涓滴效应常用来形容"里根经济学"。

有人用涓滴效应来解释巴黎世家直接绕过社会中层，将社会底层的元素"采纳"过来，再贴上底层买不起的 logo，从而进一步拉开了社会中层的差距的行为。

高端品牌的一个重要特征是：多数人仰望，少数人拥有。那些极尽奢华、工艺非凡的顶级产品，社会中层人士够不着，而具有社会底层气息的"土味"产品，他们又看不上。巴黎世家通过"涓滴效应"吊足了社会中层的胃口，从而进一步强化了品牌的梦想价值。

我们来看看巴黎世家是如何自如地运用"涓滴效应"的：

2016年秋冬系列广告大片，那一季最受关注的是土味十足的编织袋，模特好像是随便从街上抓过来客串的路人，背景也是巴黎普通的街头。

2018年春夏系列广告大片，那一季以狗仔队偷拍视角拍摄一系列模特狼狈逃窜、"保镖"铁腕护花的画面。画面过度曝光，人物表情扭曲，怎么看都不像时尚大片。

2020年夏季系列广告大片，模特变身新闻播报员和记者，他们穿着奇装异服，像机器人一样面无表情地念念有词，像木偶一般来回行走，有一种末世科幻般的诡谲氛围。

看得出，巴黎世家的"套路"是用一种"接地气"的方式，营造一种疏离感。人们总是对不可捉摸的东西产生欲望。巴黎世家刻意营造出来的这种若即若离、似近还远的感觉，让人欲罢不能。

对此，有人会觉得不适吗？当然。它不符合主流的审美，甚至说是挑战大众的审美。可是，直接将它定义为"丑"，显然是不公平的。批评者不自觉地将自己代入成目标消费者，自然会陷入主观的误区里。

高端品牌的营销，从来不会取悦大多数，它只在乎少数派。大众眼中的巴黎世家，只是一个高端贵气的奢侈品品牌，但在巴黎世家的客户眼中，它是一个极具先锋意识、实验精神的品牌。它源源不断的大胆创意，正是其品牌魅力的重要部分。

就像巴黎世家推出的复古老爹鞋一样。在大众看来，谁会花高价买一双笨重粗犷、看起来脏兮兮的鞋子？结果是，这款鞋子风靡全球，甚至开创了一个全新的"老爹鞋"细分品类。

只有取悦少数人，才能让多数人追着跑。许多奢侈品牌为了营造这种疏离感，甚至设立各种门槛将多数人挡在门外。巴黎世家的创意设计更加小众，通过先锋美学，拉开了大众与受众的距离，从而形成了鲜明的品牌特征。

在引领客户、超越需求的过程中，品牌要坚持自己的风格，并保持一致性与持续性。正如可可·香奈儿所说，"时尚易逝，风格永存"。每年有无数的手袋款式面世，大多昙花一现，但爱马仕的手袋却可以用几十年，甚至一生，永远都不会过时。

我们可以追随潮流，但千万别改变风格。风格是品牌的DNA，风格变了，灵魂也就没了。

从这个意义上说，巴黎世家根本不用在意大众的认可度，它只要知名度就够了。根据梦想价值公式，知名度越高，品牌的梦想价值便会越大。

第三节　价值驱动

决定性的"Why"

著名作家西蒙·斯涅克（Simon Sinek）提出了一个现在被很多商业公司奉为真理的"黄金圈法则"（The Golden Circle）。在这个概念模型中，不论是什么事，都可以将其组成部分归为"What"（什么）、"How"（怎么做）以及"Why"（为什么）三类。相应地，人类大脑对于这三种信息的认知也有专门的负责部位。

他认为，大多数品牌传达的信息是"什么"与"怎么做"。这两方面的信息，通常被大脑中负责理性信息处理的新大脑皮质所接收。而真正做出决定的实际上是脑边缘系统，它处理的是关于"为什么"的信息。西蒙·斯涅克继而得出一个结论：从生理结构上，成功的营销都应将重点放在更为核心的、能够起决定性作用的"为什么"方面。

为了让这个"为什么"更加吸引人，就应该将要做的事、要生产的产品背后的动机和理念理解和表达清楚，并且切实地保证这个"为什么"是有意义的、真正能够让人赞同的。

苹果的创始人乔布斯，特斯拉的创始人马斯克，都做到了把"为什么"放在第一位优先传达。人们在了解了他们的行事原则和所代表的理念之后，就会认可这些抽象的概念，而支持他们具体所做的事、所生产的产品。

在苹果诞生之初，其他手机品牌都在大力地向用户推广：我们研发了一部多么功能多么齐全、优势多么明显的手机，我们未来将在哪些领域进行创新、颠覆。

这实际上表达的是"什么"与"怎么做"的问题。

苹果不同，它向用户传达的是要改变人们的生活方式，用智能科技让生活变得更加美好，它向用户推销的是价值观。苹果表达的是"为什么"。

2012年年初，知名职业经理人姚吉庆受邀担任慕思总裁一职。在此之前，姚吉庆可谓身经百战：他曾担任过华帝集团总经理，使华帝燃具连续五年保持中国销量第一；创立威莱数码，并担任执行董事兼CEO，两年内做到中国专业音响品牌前三名；出任奥克斯空调总经理，成功实现品牌战略转型和快速增长；2008年任欧派集团营销总裁，四年内带领欧派实现了从中国橱柜第一品牌到中国整体厨房第一品牌的跨越……不过，人们更多的赞赏来自他在品牌运作上的杰出表现，他可算是品牌营销方面的实战专家。

此时的慕思已创立八年，通过专业的产品和体验式营销，差异化日益凸显。慕思不但在专卖店配备专业设备揭示个体的睡眠习惯，更在五星级酒店推出"健康睡眠私人会所"，用测试数据、专业技术讲解，配合反复的亲身体验，极大地提高了消费的参与度，潜移默化地推广了"健康睡眠专家"的品牌定位。

擅长品牌运作的高手与立志做高端品牌的慕思携手，看起来是天作之合。正当人们对姚吉庆新官上任的三把火如何烧抱有期待和猜测时，没想到他却拉着四十多位高管们开了三天三夜的会议，会议的核心只有一个：讨论慕思的使命、愿景和价值观。三天后，他们形成了这样的共识：愿景和使命——让人们睡得更好；价值观——客户满意、整合创新、合作共赢、激情奋斗、诚信尽责、自我批判。

"让人们睡得更好"虽然看上去很平实，却是一个远大的愿景，是所有管理层自己都认可的使命，是慕思人的集体共识。

姚吉庆认为，上兵伐谋，其次伐兵，企业文化理念的梳理和确立，对于企业而言是一项至关重要的本质性、战略性工作，影响甚至决定着企业的现实经营和未来命运。品牌的核心文化是一切传播之源，是品牌的内容指针，有了使命、愿景和价值观，品牌营销就有了总纲领。

厘清了这些，就像找到了公司发展的魂，未来前进有了定海神针。正如全球管理大师彼得·德鲁克所言：只有明确地规定了企业的宗旨和使命，才可能树立明确而现实的企业目标。企业的宗旨和使命是确定优先顺序、战略、计划、工作安排的基础。它是设计管理职位，特别是设计管理结构的出发点。

有了理念怎么行动？如何定义慕思的"为什么"？慕思的答案是"由外向内"向消费者传达"为什么"。

第一步是打造出让人尖叫的产品。慕思通过整合全球的创新材料、设计师、智能技术等三大资源，二次创造出极致的产品体验。

第二步是开创新品类，抢占消费者认知。2004年，慕思品牌创立后首创健康睡眠系统，打破原有产业格局，重新定义软床行业，实现了"一床一世界"。同时，慕思通过强大的品牌矩阵，针对不同消费群体的精准定位，覆盖全生命周期。

第三步是打造核心价值观的认同。品牌营销的最高境界，是核心价值观的营销。慕思传递的"为什么"，也即是核心价值观的最终指向：客户满意。

这就是人文价值驱动的慕思黄金圈法则：为什么（Why）——慕思的使命是让人们睡得更好；怎么做（How）——慕思成功的路径是做产品认同、品牌认同、价值观的认同，通过整合全球健康睡眠资源，带给用户无与伦比的产品体验和服务体验；什么（What）——最后的成果是客户满意。如今，慕思的品牌认可度为67%，顾客忠诚度为94%，顾客满意度高达96%。

对于"黄金圈"法则，姚吉庆有过经典的论述，人人都知道自己是"做什么"的；有些人知道自己是"怎么做"的；但只有极少数人知道自己"为什么"要这样做；唯有那些明白"为什么"的人，才是真正的领导者。

"为什么"之所以如此重要，在于它定义了企业的核心价值观。和慕思一样，华为将核心价值观的打造当作最重要的事务来抓。

1996～1998年，华为营收翻番，将洋品牌富士通、日本电气和朗讯等打得喘不过气来，甚至超越老牌企业上海贝尔成为中国第一。但此时的任正非非但没有喜悦，反而严肃地告诫管理人员，华为处在一个超常的发展时期，当前最严重的问题不是竞争对手，也不是人才、资金等问题，最大的敌人是自己。

此时的他已经在邀请中国人民大学的几位教授编撰《华为基本法》。巨大的成功没有让这项工作变得无关紧要，反而成为任正非的头等大事。经过两年多的努力、教授们与华为团队进行数百次交谈，1998年3月《华为基本法》终于定稿，其中第一条明确指出：华为要成为世界一流的设备供应商，永不进入信息服务业。

《华为基本法》描绘了华为的整个价值体系，比如追求客户满意，倡导管理变革和集体决策，重视人才，技术是企业核心等。2005～2007年，华为将核心价值观提炼成六点：成就客户、艰苦奋斗、自我批判、开放进取、至诚守信、团队合作。

华为还将其多年的管理探索和共识进行系统梳理，上升到哲学层面，形成三大管理纲要：业务领域，以客户为中心；人力资源领域，以奋斗者为本；财经领域，以价值为纲。这三个管理哲学实际回答了三个终极问题：你是谁？你从哪里来？要到哪里去？

通过管理纲要的归纳，华为后来进一步提炼核心价值观，将其归结为现在的一句话："以客户为中心，以奋斗者为本，长期艰苦奋斗，坚持自我批判。"

在很多企业主看来，花费这么高昂的代价，整出虚头巴脑的几句话，有意思吗？还不如去市场上多见几个客户。固然，有太多的企业将使命、愿景和价值观整理出来之后，只是挂在了墙上、印在公司画册里，成为一种装饰。但这种执行层面的失效绝不能掩盖它本身的光芒与价值。正如企业文化学者陈春花所说，企业的真正存在并非是资财的积累、规模的扩大，而是其文化、精神的存在。一旦企业失去了后者或是形成了某种病态的文化，不论其当时的市场、社会利益如何，不论其在公司庞然大物中的座次如何，很快都会陷入公司的危机之中。

正如人一样，一旦精神出问题了，身体一定会出问题。企业一旦丧失了向上的灵魂，再大的企业都会轰然倒塌。

致疯狂的人

贝恩公司全球资深合伙人、《创始人精神》作者之一克里斯·祖克（Chris Zook）通过研究发现，那些没能成功实现增长目标的企业，绝大部分的问题不在外部，而在内部，应对这些发展瓶颈的关键在于"创始人精神"。

克里斯·祖克这样总结"创始人精神"的特点：创业初期清晰的任务与目标、明确的主人翁精神、对于一线业务的痴迷。可一旦失去了创始人精神，公司就开始变得复杂，不再敏捷灵活，增长缓慢，最终停滞不前。

纵观具有全球影响力的高端品牌，大多有数十年，甚至上百年的历史。在创业的早期，这些高端品牌的创始人肩负着伟大的使命，向着目标一路披荆斩棘，直到成为人们心中的传奇。在岁月长河里，成功的继任者通常会秉持创始人的精神，无论情势如何变化，都会一以贯之，将之视为驱动企业成长的动力源。遗憾的是，仍然有许多继任者，并没能将创始人精神发扬光大，甚至让它渐渐褪色，最后偏离初心，让企业陷入困境。

1996年年底，重掌大权的乔布斯干的第一件事就是让创始人精神重回苹果。1997年7月，他找到了曾为Mac电脑上市制作"1984"经典广告的Chiat／Day广告公司创意总监李·克劳，并表示必须证明苹果仍然生机勃勃，而且它仍然代表着与众不同。

李·克劳没有让乔布斯失望，他率领团队带来了"无与伦比"的创意——"非同凡响"（Think Different），这个创意一下子击中了乔布斯，以至于后来他每次一想到这个忍不住要哭。

沃尔特·艾萨克森在《乔布斯传》中记录了乔布斯的回忆细

节:"我激动得说不出话来,现在一想到这个我还是忍不住流泪:李那么在乎苹果,还有他那个棒极了的'非同凡响'创意。每当我发现自己身处一种精神与爱的纯粹之中,我就会忍不住掉眼泪。这感觉就这样撞进了我的心,一下子抓住了我。当时就是这样。那种纯粹我永远都不会忘记。"

一分钟的"非同凡响"广告片高度概括了苹果公司的创始人精神:

"致疯狂的人。他们特立独行。他们桀骜不驯。他们惹是生非。他们格格不入。他们用与众不同的眼光看待事物。他们不喜欢墨守成规。他们也不愿安于现状。你可以认同他们,反对他们,颂扬或是诋毁他们。但唯独不能漠视他们。因为他们改变了寻常事物,他们推动人类向前迈进。或许他们是别人眼里的疯子,但他们却是我们眼中的天才。因为只有那些疯狂到以为自己能够改变世界的人,才能真正改变世界。"

除了电视广告,他们还创造了历史上最令人难忘的一系列平面广告。每则广告都有一个标志性的历史人物的黑白肖像,这些人物大多是乔布斯心目中的偶像,爱因斯坦、约翰·列农、甘地、毕加索、希区柯克、爱迪生、马丁·路德·金等,他们都是别人所说的"疯子",富有创造性、敢于冒险、不惧失败,赌上自己的职业生涯去做与众不同的事情。

这是一个关于苹果创始人精神的宣传运动:里面没有苹果的任何产品,苹果的标志和广告语"非同凡响"只在视频的角落里出现，里面的肖像甚至都没有说明文字。但这则广告片播出后获得巨大成功，成为当年商业史上最经典的广告运动。

这则广告片并不只是品牌广告，更是乔布斯本人的精神写照。据说，这则广告还有一个他本人朗读旁白的版本，在最后时刻乔布斯还是决定突出苹果而不是个人。他的版本最后在他的葬礼上公开播放了一次。乔布斯为这则广告取名"非同凡响"，还亲自撰写了包括"他们推动人类向前迈进"在内的几句脚本。

因此，这则广告几乎是乔布斯内在精神的释放与宣泄，他的内心深处疯狂地笃信"人活着就是为了改变世界"。事实上，他的确做到了。从他身上，你可以看到精神抵达的新高度，如何成为人类一种奢侈的资产。他将内心的念想升维到其他人无法企及的高度，然后竭尽全力调动自己和他人的心力和资源向一座从未涉足的高峰攀登。乔布斯的创始人精神指引苹果不断向前，直至成为全球最伟大的品牌之一。

和乔布斯可堪一比的是马斯克。如果将"创业初期清晰的任务与目标、明确的主人翁精神、对于一线业务的痴迷"的创始人精神与马斯克一一比照，会发现出奇地一致。

"马斯克严苛的管理风格源自他超凡脱俗的企业愿景。"阿什利·万斯在《硅谷钢铁侠》中写道，"当航天领域的其他人满足于现状，不断将20世纪60年代古董般的东西送入太空时，SpaceX却在做截然相反的事情……马斯克想征服太阳系——如果这也是你的梦想,目前而言这家公司是你唯一去处。"

在他眼里,没有现实和成功概率,只有全力以赴的梦想。他的确朝着梦想的实现接连迈出坚实的步伐,而且接下来一系列的事实证明,他所追求的,比人们普遍想象的商业上的成功更激进、更宏大——跨星际殖民和旅行已经不再是科幻,也不再是梦想,马斯克正让这一切变得触手可及,"SpaceX 的根本目标一直是创造在火星生活所需要技术"。无论何时何地,这一初心始终未曾改变。

他把全部的热爱都投入工作之中,每周工作 100 个小时。即便在过生日这样的重要时刻,他也没有选择休息,也没有时间举办大型派对,依然在加班加点地工作。马斯克不仅以身作则,而且希望自己的员工像自己一样,具有强烈的主人翁精神。

《硅谷钢铁侠》中记录了马斯克给一个员工的邮件内容——这位员工因孩子出生而错过了一场活动——"这不是借口。我感到非常失望。你需要弄清楚,什么对你来说更重要。我们正在改变世界、改变历史,如果你不打算全力以赴,那就别干了"。

痴迷于一线业务,让马斯克成为特斯拉最忙的人。他全身心投入产品的研发中,亲自在推特上推广特斯拉电动汽车。在他的极致完美主义之下,特斯拉诞生了一款颠覆性的汽车——Model S。

2012 年中,特斯拉正式推出 Model S 电动汽车。这款车的诞生令汽车行业大吃一惊,更令硅谷的技术发烧友们疯狂。2012年年底,Model S 被《汽车族》杂志评为"年度汽车"。数月后,《消费者调查》杂志给出 Model S 历史最高评分 99 分,称其为历史上最棒的车。

在某种程度上,真正赋予特斯拉高端形象的是马斯克的创始人精神——目光远大、敢于颠覆、追求完美、毫不妥协——就像乔布斯之于苹果一样。正是创始人的强大精神力量,驱使特斯拉与苹果不断向前、从卓越迈向伟大。

激活"自我价值"

根据马斯洛需求层次理论,越高端的人群,自我价值实现的需求越高。

菲利普·科特勒在其著作《营销革命 3.0》中指出,现代企业的营销正迈向 3.0 的时代,即以独特的使命、愿景和价值观吸引越来越多的顾客。在这一个阶段,营销品牌的核心价值观是品牌的最高境界,每个品牌都应该有自己的核心价值观。他指出,企业的品牌使命必须让消费者产生一种权利感,让他们意识到品牌使命是属于自己的,自觉地成为品牌使命的"推广大使"。

姚吉庆认为对于高端品牌更是如此:"作为一个高端品牌来讲,你达到品牌认同还不行,还要做核心价值观的营销,最终达到核心价值观的认同。"慕思的战略目标是成为全球最大的智慧健康睡眠解决方案提供商之一，消费者不但把品牌视为日常生活的一部分，还能毫无意识地接受品牌带来的变化。

姚吉庆曾经在一次题为《中国企业的世界梦》的演讲中指出，中国企业的发展过程分为三个阶段：1.0 时代大部分企业用中国的人口红利令中国制造遍布全球；2.0 时代中国企业开始输出产品和品牌；3.0 时代中国企业在向世界输出品牌的同时，输出商业模式和品牌文化。很早，慕思就已迈向 3.0 阶段，让品牌的核心价值观成为主流人群和目标人群的共识。

慕思在研究中发现，如今的消费者分层非常严重，"70 后""80 后""90 后"的价值观差异非常大。如果完全依靠产品功能及品牌风格去赢得这个市场，没有办法解决消费者分层的问题，一定要找到可以引起消费者共鸣的价值观，朝着更高的目标迈进，努力构建核心价值观的营销。

在慕思看来，人类其实是梦想驱动的高级生物：有 1/3 时间在做梦，有 1/3 时间在实现梦想，1/3 的时间在享受梦想。所以，有人曾这样说："人，梦想还是要有的，万一实现了呢？"

2013 年，慕思围绕"梦想"这一主题提出了明确的价值主张——"善梦者、享非凡"。"善梦者、享非凡"有两层含义：第一，梦想还是要有的，有梦想才能成功；第二，不仅要有梦想，还要善于筑梦，也要有实现梦想的方法，只有这样才能创造非凡的事业，享受非凡的人生。慕思试图让人们感受到，懂得管理睡眠质量、善于睡眠的人才是善于筑梦的人，以此传达"选择慕思就是选择成功"的理念。

在新消费时代,"得精英者得天下"。因此,高端品牌特别重视精英消费,让精英来引导大众消费者。为了推广"善梦者、享非凡"的理念,从 2013 年起,慕思拍摄了筑梦者系列短片,邀请一众大咖分享各自的人生经历,让更多人认识到"善梦者、享非凡"的重要性。

姚吉庆认为,顾客需要分层,产品除了满足使用需求、功能需求,一定程度上也要满足身份的需求,这是个人群体定位的象征。营销 3.0 的最大不同,在于将消费者视为共建者,品牌已经变成了消费者所有。

品牌和消费者必须有共同的价值观与信仰。不必刻意迎合,不必降格以求,而是相互吸引,共建共赢。

因此,品牌的人文精神尤为重要。品牌的表现形式可以千变万化,但品牌的人文精神必须时刻坚守。如今,慕思"善梦者、享非凡"这一理念深入人心,成为引起目标人群共鸣的价值信念。

2003 年,中国睡眠研究会把"世界睡眠日"引入中国,从 2009 年开始,慕思携手中国睡眠研究会等相关机构,参与世界睡眠日在中国的推广,举办世界睡眠峰会,研究政府、社会、专业团体、学术机构之间如何相互配合来共同解决睡眠问题及其带来的社会问题。

如今,慕思已经成功打造了"3·21 世界睡眠日""6·18 世界除螨日""超级品牌日""8·18 慕思全球睡眠文化之旅""双十一慕思告白日"这五大与"睡眠"深度相关的 IP 活动,传递健康睡眠文化。

对高端消费者来说,时间是最宝贵的财富。人们愿意花费时间,到全球各地探寻睡眠文化的奥秘,本身就是一个独一无二、难以忘怀的体验。这些具有纪念意义的特殊时刻,是慕思完美体验计划的重要组成部分。它既回馈了顾客,又将品牌文化再一次深深地植入顾客的心智中。

这些动作都不是马上能见效的,但是在心理上能产生潜移默化的效果,让消费者开始重视健康,重视睡眠文化。当一部分高收入人群、精英人士开始使用之后,会带动中产阶级在观念上接受并开始使用。

品牌是附着在产品上的无法磨灭的烙印,它甚至会脱离产品本身具有独立的价值。成功的品牌能通过认知、体验、感受等方式与消费者建立联系,给消费者留下深刻印象,建立品牌认同甚至"品牌信仰"。

在价值观的指引下,慕思的使命和愿景(为了让人们睡得更好)、战略目标(成为全球最大的智慧健康睡眠解决方案提供商之一)也跃然而出,通过一系列的品牌活动推广,慕思成为一家由价值观、使命和愿景驱动的企业。

高端品牌是如何炼成的
看清全球高端品牌背后的六大法则

| 第二章 |

极致法则

2

第一节 产品三原则

匠心精神

在中国，茅台绝对是酒界乃至企业界的现象级企业。2021年年初，茅台的市值一度冲破3.2万亿元人民币，被人们调侃为"中国第三大城市"。飞天茅台的市场指导价是1499元，但是这个价格一货难求，黄牛党将它炒到了2400元，连包装箱也炒到了200元！虽然茅台一直在打击黄牛党，但依然挡不住茅台价格一路上涨。

为什么茅台这么抢手？为什么在高端白酒市场上，茅台几乎打遍天下无敌手？

1949年之前，茅台不叫茅台，分别叫"华茅""王茅""赖茅"。新中国成立初期，地方国营的茅台酒厂成立后，最初注册商标为"贵州茅台"。1958年外销启用"飞天"商标，内销则用"五星"商标。

尽管在1949年开国大典时，茅台被指定为国宴用酒，但事实上，在相当长的时期内，茅台并非国内的白酒龙头。改革开放前泸州老窖的规模始终排名第一，20世纪80年代则是汾酒产能第一，1994年至2008年，五粮液成为行业之首。直到2008年，茅台才真正迎来属于它的时代。

为什么茅台后来居上？有人说是白酒业迎来了品牌时代。这话既对也不对。其实，在品牌运作方面茅台并没有什么太多动作，是其长期坚守品质的匠心最终让它收获了巨大的回报。它以一种大巧若拙、大智若愚的方式成为中国酒业最高端的品牌。

具体来说，茅台做对了三个方面。

第一，对传统工艺的坚守。据《茅台是怎样酿成的》作者汪中求的描述："茅台酒是坚守传统工艺的代表。其工艺之古老、工序之复杂，足以称得上中国白酒工艺的活化石。有人戏言，茅台酒厂是中国当今最大的'作坊'。"

在酿造工艺方面，茅台遵循"一年周期、两次投粮、三年陈酿、七次取酒、八次发酵、九次蒸煮"的工艺，其复杂程度远超清香型和浓香型白酒；在酿造时长方面，茅台从原材料到初酒需要一年时间，随后自然老化三年，勾调后再储存一年，统算下来，即便是新酒，从生产到出厂最短也要五年时间，而且贮存越久，酒体越柔顺，香气越优雅。

小小一杯茅台酒要经过近30道工序、165个工艺环节的锤炼。在茅台镇，大多数以茅台为榜样的酿酒企业都坚持这种传统工艺，这也是酱酒近两年"突然"爆红的原因。

第二，对品质的坚守。20世纪六七十年代，茅台建设了

"贵州茅台酒易地试验厂",投入大量人力、原料和生产设备。该厂于1975年试生产,1985年通过验收。后来该厂生产出来的酒体,经鉴定"接近茅台",但其香味及微量元素成分只是与茅台酒基本相同,差异仍然存在。因此,这款酒没有挂上茅台或飞天的商标,而是被命名为"珍酒"。

20世纪80年代还没有核心产区的概念,产能为王。茅台完全可以将之纳在旗下实现快速的规模扩张,但茅台没有这样做。

20世纪90年代初,贵州省领导对时任茅台酒厂党委书记的季克良申请将产能扩充2000吨的报告不以为意,认为解放思想不够、发展速度不够——当地有些企业已经提出来搞酱香型酒10000吨,但季克良坚持只搞2000吨,理由是"因为从1951年到1991年四十年时间才形成2000吨的产量"。

其实,对普通消费者而言,细微的差异算得了什么?然而,对品质的追求是茅台人的灵魂,最终茅台没有走上规模化扩张之路。

第三,对核心产区的坚守。在建设易地试验厂的过程中,茅台发现,酿造环境方面,茅台镇拥有独特的水土、气候等产区环境,该区域在昼夜温差、空气湿度、微生物条件等方面都不可复制,而茅台镇仅7.5平方千米的核心产区也决定了茅台酒的稀缺性。

2000年,经贵州省人民政府、贵州省技术监督局核准,确定了茅台 7.5 平方千米贵州茅台酒原产地域范围（2010 年扩大到 15.03 平方千米）。2001 年 3 月 29 日，国家质量技术监督局批准对茅台酒实施原产地域产品保护措施。从这一天开始，茅台成为中国首个地理标志（原产地）产品保护的白酒。

在很多企业看来，这几乎是画地为牢的做法。严格限定茅台酒的产能扩张，一度也让茅台被五粮液、汾酒的风头盖过，但茅台保持着对品质的匠心和战略定力，终于在改革开放的第四个十年之前迎来自己的辉煌。

为什么茅台酒让见多识广的政商人群情有独钟？为什么明明知道喝酒过量有害健康仍然拿茅台推杯换盏？这是因为这些高端人群在数不清的品质体验中对它发自内心的推崇。

茅台业绩能够持续增长、后来者居上，很大程度上依靠对高品质产品的品牌建设。其他诸如控产能、控价格都是这一核心战略的外部延伸。

在几十年的时间里，茅台建立了一个足够坚实的"高品质"长板。依靠背后的匠心精神，茅台托起了一个数万亿市值的企业，成为中国高端白酒市场上一面高高飘扬的旗帜。

时间的价值

高端产品经常用到一些独特、珍稀且昂贵的材料，譬如黄金、钻石、宝石、名贵木材、稀有动物的皮革以及绒毛等。毫无疑问，这些材料的使用，能明显提高产品的档次。然而，真正让产品具有灵魂的，不是那些名贵的材料，而是工匠精神。

用过路易威登皮夹的人都知道，它用上几十年都几乎完好如初，不会因为长期与皮肤接触而变色。路易威登皮夹之所以耐用，是因为制作一个路易威登皮夹要经过1000道手续，其公事包要进行连续15天不间断开关都不会变形的考验，确保产品品质过关。

而且，从诞生到现在，路易威登一直坚持着原始农耕时代的手工方式来制造产品，不断钻研自己的手工技艺，其工匠精神已渗入其血液之中。选用最好的材料进行手工制作，品质超出客户期待，这无疑是人们认可路易威登产品价值的重要原因。

从诞生开始，路易威登就树立了高品质的形象。例如，为了让行李箱、包包更牢固，配置了独创发明的锁具；为了避免行李箱、包包接触地面，底部通常带有铆钉；为了防止产品开裂，行李箱、包包的面料都是一体成型。很多人不知道的是，决定品牌成败的不是营销人员，而是工匠们。在路易威登内部，工匠们有着至高无上的权利，他们是路易威登品质理念的守护者。

为了让传统制作工艺一代一代传承下去，路易威登形成了整套培训体系。1854年，路易威登买下并修复了一座历史悠久的优雅宅邸，打造出新的特殊皮革工艺工坊，以重振此地源远流长的传统。而巴黎郊外阿尼埃尔的工坊，身兼着培养工匠的重任。

20世纪80年代，贝尔纳·阿尔诺（Bernard Arnault）成为路易威登经营的掌舵人，但在工匠精神传承上，离不开路易威登家族的后人。帕特里克·威登是路易威登工艺的第五代传人，他也是高级定制业务的负责人。

最初，帕特里克的理想是当一名兽医，后来受到祖父的影响，成为一名路易威登工艺的传承人。他和其他学徒一样，用了二十年时间来学习如何成为一个手工匠人。帕特里克几乎每天都在阿尼埃尔的工坊里学习，先成为了木匠学徒，然后学习制作皮货，最后才学习如何制作手提箱。他精通所有路易威登的手工艺，关于制作手提箱的任何细节，他都了如指掌。

几十年来，帕特里克只做一件事，将所有的精力都奉献给手工艺，逐步成为路易威登工匠精神的最佳诠释者。如今，在阿尼埃尔的工坊里，工作了数十年的工匠比比皆是。他们以传统的"传、帮、带"方式将路易威登的精湛技艺发扬光大，培养了一代又一代的工匠。

坚持传统的手工工艺，虽然牺牲了产能，但增加了路易威登的品牌附加值。用工业化的方式生产，尽管能降低生产成本、提高生产效率，但会让路易威登的品牌魅力大打折扣。更重要的是，坚持手工工艺，向消费者清晰地传达了"经久耐用、品质卓越"的信息。

路易威登的传统手工艺,不仅体现在生产后端,也体现在服务前端。在路易威登的门店里,都配备了负责维修的专业手艺人。维修过程中的一针一线,都采用和巴黎相同的配件。一些制作工艺复杂的产品,尤其是高级定制的产品,则必须邮寄到阿尼埃尔的制作工坊进行维修。这不仅确保了路易威登的品质,而且增加了消费者的信赖感。在某种意义上,路易威登并不是标准化生产的工业品,而更像是农耕时代的工艺品。

不过,路易威登起始于工匠,但不止于工匠。随着全球业务的拓展,路易威登的销售额不断增长,达到了千亿元人民币的规模,同时其品牌版图涵盖了皮具、时装、珠宝、鞋履、香水等诸多领域,如果单靠手工艺,很难满足消费者的需求。

如何在手工艺与规模化之间做一个平衡?路易威登的做法是"Veges 生产方式"。这个脱胎于丰田"精益生产"的工厂管理方式,大大提升了手工艺的生产效率,避免了半成品的浪费。它通过多能工匠化(每位工匠可以完成多道工序)和作业团队小型化等方案,将生产线改为 U 型,减少员工移动的时间损耗,让生产效率提高了两倍。

"Veges 生产方式"有别于纯机器的工业流水生产线,既保留手工艺的纯粹性,又满足了规模化的需求。同时,个性化手工定制与品牌价值相结合,为客户带来了独一无二的体验,提高了客户满意度。在传统与创新、需求增长与坚守品质之间,路易威登找到了完美的平衡点。

也许，最好的工艺不一定是手工。巧夺天工的能工巧匠，在某些领域不见得比机器制造更加精良。尤其在智能制造时代，机器制造的精密度以微米来衡量，这是手工永远无法企及的。

既然如此，为什么几乎所有高端品牌都强调自己的手工性？那是因为匠人为产品付出了心血、注入了灵魂。机器一分钟就制造出来，手工可能需要一周，但工匠付出的心血，是机器永远不能替代的，它是人文精神的重要体现。手工，本身代表了个性化。对技艺要求越高，越凸显其稀有性。

在汽车制造领域，机器人早已能做任何事情，焊接、打磨、涂装样样都能干，但在某些工艺上，高端汽车仍然保持着纯手工技艺。比如，劳斯莱斯的发动机仍然是完全手工制造的，劳斯莱斯散热器的格栅也由熟练工人在没有任何测量工具的情况下匠造而成。

在布加迪的工厂里，很少看到超大型的机器，所有零部件都是手工安装上去的，而且汽车组装后，会有经验丰富的工匠反复调试零部件，这样的调试通常会持续几个月。因此，车主要拿到车，往往要等待一年甚至数年。手工造车，让布加迪愈发稀有和珍贵。每年它的产量不过百来辆，每台车的价格都在千万以上。但人们认为这款汽车值这个价，因为其零部件之间契合度更高，很难被仿造，满足了高端用户个性化的需求。

高端市场严格遵循着一个古老的经济学规律：商品价值取决于社会必要劳动时间。这意味着在产品制造上花费的工时越长，它的价值越高。

手工代表一种信仰，代表对细节的尊重和对用户的用心，代表着时间的价值和历史的传承。因此，几乎所有成功的高端品牌，都在强调手工性：百达翡丽（Patek Philippe）的一款手表上有 265 个手工单独制造的零件；皇家礼炮 50 酒瓶上的金饰图案都是由金匠手工雕刻而成的；一只爱马仕包包由同一个工匠花 72 小时，通过祖传绝技——双骑马钉手工针法制作出来。这样的例子不胜枚举。

全局创新

长久以来，一些全球顶级高端品牌给人留下了一个深刻印象：它们似乎更愿意沿用数十年甚至上百年的古老工艺来制作产品，也不愿意用最前沿的科技来重塑自己。

在一些人看来，这是在守护传统，但在另一些人眼中，这是故步自封。传承传统工艺，不代表拒绝新科技。对新材料和新技术的极致追求，同样能给品牌带来独特的魅力。

比如，陀飞轮腕表历来被誉为"表中之王"，全球最高端、最昂贵的手表莫过于陀飞轮机械表。陀飞轮是瑞士钟表大师路易·宝玑在 1795 年发明的一种钟表调速装置，它通过校正地心引力对钟表机件的影响，进而提高手表的精确度。

20 世纪末全球会做陀飞轮的钟表匠仅 80 余人，当时瑞士主流品牌的陀飞轮表普遍价格在 100 万元人民币区间。2007 年开始，民族企业海鸥投入重金研发自己的陀飞轮技术。研发成功后，同样的工艺，售价不过 3 万元。这就意味着，中国人第一次可以花十分之一的价格，享受世界顶级的钟表技术。陀飞轮的先进技术赋予了品牌无限的魅力。

劳斯莱斯这类豪车之所以昂贵，除了车内用料和配件之外（当然手工制造能为劳斯莱斯营造前所未有的尊享感），其发动机的稳定性和动力都做得很到位，据说，国外一位车主测试了一台 1300 万的劳斯莱斯，在引擎上立了一枚硬币，深踩油门硬币都不倒，可见其有多稳，如果没有先进的底盘技术，不可能做到在高速行驶中毫无震感。

如果你觉得劳斯莱斯和陀飞轮太过久远，那我们再来看慕思的故事。与珠三角地区众多的 OEM 公司不同，这家公司创立之初就立志于整合世界先进的技术及中国的制造优势。

正如其创始人王炳坤所说："在国际寝具市场，不是慕思为国际品牌做 OEM，而是国际大牌为慕思做 OEM。"慕思之所以能在短时间里异军突起，关键在于"一直高度关注和跟踪世界睡眠科技最前沿的研究项目及成果，并且持续引进国外最先进的材料和技术"。

慕思是国内最早将健康睡眠系统概念引入到床垫生产之中的，也是最早将玻纤产品、德国 3D 材料应用于床垫生产的，同时也是目前国内寝具制造企业中较早将美国制造的"人体力学测试系统"运用于店面并服务消费者的。

2007年,慕思引进3D材质,打造可完全水洗的床垫,慕思3D经典问世。

2009年,慕思发起全球健康睡眠见证之旅,参观德国OTTEN、比利时RAKO、比利时ARTILAT、意大利SALVADORI等慕思供应商,让消费者对慕思的全球资源整合能力有了更直观的认知。同年,慕思与欧洲比利时ARTILAT N.V(阿蒂兰特)、RAKO BEDING(瑞寇)及意大利SALVADORI S.R.L(肖瓦多瑞)三大公司签订长期合作协议,独家引进上述三大公司全球领先的睡眠系统(包括床垫、排骨架等)的制造材料和技术。

2015年的科隆国际家具展上,慕思隆重推出全球首套智能自适应健康睡眠系统——T7测试系统,T7智能自适应健康睡眠系统由慕思位于比利时鲁汶大学的健康睡眠研究中心历时四年研发,是目前睡眠领域最先进的智能调节系统。

2017年2月,慕思董事长王炳坤先生再次携手国际凝胶供应商意大利Technogel Sleeping公司CEO Massimo Losio先生,在慕思总部完成了战略合作签约仪式,慕思成为Technogel公司中国区域VIVE枕头和床垫产品的独家代理商。慕思根据市场需求在原产品的基础上进行了创新和改进,推出了自主品牌的凝胶枕和凝胶床垫。同年9月,慕思与丰田集团成员爱信精机集团正式达成战略合作,将尖端材质Fine Revo太空树脂球引入到慕思的健康睡眠系统，再次引发寝具行业材质的颠覆性革命。

此外，慕思先后与德国 Agro、美国 Bedgear、意大利 Technogel 等多家国际知名寝具生产商达成长期战略合作，引入世界先进的寝具制造材料和技术，实现产品的不断革新和快速迭代，塑造高科技和国际化的基因。

在慕思，有一个十分关键的部门，那便是慕思实验技术服务中心。这个耗资 8000 万元人民币、占地 3500 平方米、拥有 30 多名员工的实验技术服务中心，堪称中国家具行业的"奢华"实验室。在家具行业，实验技术服务中心是一个边缘部门，投资几百万建一个实验技术服务中心差不多到极限了，但是慕思的投资体量和规模超出了同行数十倍，实验技术服务中心平均每个月的电费支出就高达 20 多万元。慕思实验技术服务中心在 2015 年获得"CNAS 国家实验室认可"，达到了中国合格评定国家认可委员会的认可要求，检测能力处于行业领先水平。

王炳坤认为，既然做高端品牌，就必须匹配高端的检测中心，从源头上解决产品质量问题。他要求检测中心，每一批产品都必须检测，只有检测过关的原材料，才能进入生产车间。

例如，在真皮选料环节中，即便是对妊娠纹、颈纹等动物身上天然的瑕疵，慕思实验技术服务中心也给出了严苛的标准：小于 5mm 的暗伤，一块皮上只被允许有一处。央视主持人陈伟鸿参观慕思实验技术服务中心后感叹："这样的瑕疵不用手仔仔细细去摸，真的看不出来，而且小于 5mm，日常应该也基本上都会被忽略。"

不光真皮，包括海绵、乳胶、弹簧、钢丝、面料、填充物、包装材料等在内的所有原材料，都必须在慕思实验技术服务中心完成严格的检测，检测指标多达数百项。每一种材料，实验技术服务中心都会从多维度去测试，比如成分、性能、安全等。成品生产出来，检测仍没有结束，还要测试产品有害物质（TVOC 和甲醛等），测试产品包装性能。

王炳坤说，塑造一个品牌需要花几年、甚至十几年的时间，但毁掉一个品牌，可能只要一夜之间，"不能让一次检测不合格的质量问题，就毁掉耗费几十亿打造的慕思品牌"。

慕思实验技术服务中心有一句口号：不放过一针一线。再微小的材料，中心都要做检测。这样才会阻止不合格的材料进入生产车间，不会让不合格的产品流入下一道工序。对慕思来说，品质是品牌的生命，卓越的品质不仅仅来自工业 4.0 工厂，来自个性化定制模式，还来自完全经得起检测的每一根钢丝、每一个弹簧、每一块面料。

以"健康睡眠"为立足点，慕思将全世界最新的材料科技、最优的数字技术、最好的工程技术为己所用。十几年过去，慕思在国内市场称雄的同时，已成功将高端品牌形象出口到海外，成为中国高端品牌走向世界的一张黄金名片。

2017 年，80 多岁高龄的香奈儿设计师、"老佛爷"卡尔·拉格斐就意识到了科技的重要性，他认为技术不是冰冷的，即使你不喜欢这个概念，但必须承认，技术改变了世界，它在统治世界。这一年，他以数据、算法和微芯片的灵感设计了2017年香奈儿夏季时装周展品，引起了全球巨大的轰动。

2018年，Agility Research & Strategy 公司对中国、日本、韩国、泰国、马来西亚、新加坡和澳大利亚等国家近3000名富人进行了一次调查，结果表明：产品的科技创新是驱动千禧一代购买奢侈品的主要因素；吸引千禧一代奢侈品消费者关注的最好方法是技术创新，而不是延续传统。

新一代年轻人全新的消费需求，倒逼一些高端品牌不得不跳出舒适区，面对新课题：如何在品牌上附加更多的科技属性，如何进行一次数字化转型革命。

路易威登推出了 Tambour Horizon 智能手表，以及可以实时定位的 Echo 行李追踪器。迪奥打造了专属 VR 头显设备。这些高端品牌试图通过一系列的技术创新，来迎合新一代消费者。

可以说，技术已经是吸引新一代高端消费者的最佳方式。技术迭代的加快，让高端品牌管理者意识到产品会迅速陷入过时的危险，这迫使他们必须对"技术升级"这一需求快速反应。高端品牌应清醒地认识到，随着技术的加速迭代，要长期保持技术领先优势，应在核心技术领域有所突破，而不仅仅是无关痛痒、可有可无的局部创新。

第二节 "精神定位"理论

消费者主权理论

尽管在企业看来,材料、包装、质量、功能十分重要,也是消费者最能直观感受的价值部分,但站在消费者的角度,他们的实际感受与企业想要提供的价值有相当的距离,有时候甚至是天壤之别。

随着企业端竞争的深化,消费环境发生巨大变化,尤其在网络社会,权力的天平正偏向消费者端,甚至有激进者声言,消费者主权的时代正在到来。企业方认为和提供的价值并不重要,消费者实际需要和感受到的价值才是企业经营工作的关键。

"消费者主权"一词最早见诸上百年前亚当·斯密的著作《国富论》中,后不断发展,奥地利学派、剑桥学派等更是把消费者主权看作是市场经济中最重要的原则。诺贝尔经济学奖得主弗雷德里希·奥古斯特·冯·哈耶克(Friedrich August von Hayek)专门提出了"消费者主权理论"。

这一理论的核心是诠释市场上消费者和生产者关系,即消费者根据自己的意愿和偏好到市场上选购所需的商品,这样就把消费者的意愿和偏好通过市场传达给生产者，于是生产者听从消费者的意见安排生产，提供消费者所需的商品。因此它又被称为顾客主导型的经济模式。

尽管"消费者主权理论"在国际上提出较早，但国内对这一思想的接受经历了相当长的时间。20世纪90年代，一些前瞻的家电企业开始引入"以市场为导向"的理念，而以B端业务为主的华为则提出"以客户为中心"。

这是对长久以来厂家思维的颠覆性转变。在此视角下，产品体验而非产品成为众多企业的追求。

比如，马斯克为追求极致的驾驶体验所做的努力：车主可以通过安装在手机上的特斯拉手机应用，打开空调或暖气，可以在地图上查阅车辆的停放位置；在底盘上安装重达4300磅的电池，将车的重型零件非常接近重力中心，车身的重心就会降低，体验就会优质；他对Model S的要求不仅仅局限于内在美，还要在外形工艺上同样出人意表，成为所有轿车中最性感撩人的一款；不但要提供奢华和舒适的体验，还要在工艺上趋于完美，因此在汽车的外观设计上狠下功夫。

比如，马斯克希望视觉上能借鉴阿斯顿·马丁或保时捷的风格；他对功能有特殊的要求，坚持这辆车必须能容纳7人；在车内嵌入一个17寸触摸屏，几乎所有的功能都可以通过这个大屏幕来控制，这个大屏成为汽车行业的一个创举；为了保持车身的整体轻盈，他们将车身的材质以铝合金代替钢，以减轻车身重量；取消"该死的"车灯开关，天黑时车灯会自动打开；车门把手平时隐藏，在车钥匙靠近车身的时候自动优雅地出现，轻轻一拉，门锁即会自动将车门弹开，没有任何的阻尼；没有任何手刹按键，挂上 P 挡直接就启动驻车功能了；后轮上其实有两个刹车卡钳，保证这个大家伙可以跑得快，刹得住。

当然，最酷的、性能最强的就是它的提速功能。P85 车型是 Model S 车系中性能最强的版本，根据官方资料显示，它的 0~100km/h 加速成绩为 4.4 秒。难怪有人说，这是一款可以和超级跑车跑得一样快的电动汽车，称得上"前无古人"（而它的体重超过2.1吨）。这样的速度已经令特斯拉迭代成为豪华跑车。

特斯拉的产品不但被工程师们毫无保留地注入了最先进的技术，集中了所有新功能，而且性能更新都能以软件更新的形式进行，令所有客户都能体验到最新的性能，对现有客户来说也是极大的惊喜。此时的汽车变成了一种有趣的物体，是一种让你在购买后持续升级的装置，一台在轮子上运行的计算机。因此，与其说特斯拉卖的是汽车，倒不如说是一种对未来的大胆想象，一种对科技创新的信任感，一种生活方式。

你以为这是马斯克天才般的奇思妙想吗？不是。他其实是特斯拉的首席体验官，很多创想都是从生活中得来的，比如，他从父亲的角色中找到灵感，塑造了 Model X 最耀眼的突破性设计。

他和设计师讨论，父母在把儿童安置到后座上时常常要大幅度侧头扭腰,而且成年人要挤进最后一排都难免会有压迫感,如何能找到别出心裁的方法出奇制胜?最后,最具颠覆性的"鹰翼门"方法胜出,它和 Model S 的智能门把手一样成为舆论的焦点。甚至,在购买与持有特斯拉的过程中,消费者也会感受到一系列"特别的体验"。

《硅谷钢铁侠》作者记录了这些细节:走进专卖店,会看到一辆完整的 Model S 停在店中央;店的后部还有汽车底盘上的电池组与电机展示;店内有大量的触摸屏,顾客可以在上面计算驾驶全电动汽车将节省的油费,也可以为自己心中理想的汽车配置不同的外观和配件;配置完毕后,顾客只需用力划过屏幕,刚刚配置的模型就会出现在店面中央一块更大的屏幕上。如果你想进展示汽车里坐一坐,推销员会向内抖动一根靠近驾驶座门的红色天鹅绒绳,车门开启即可入座。

而且,销售员没有赚取销售佣金的压力,所以他们不会劝说你购买一套套的附加设备或服务。如果你最终决定购买,无论是线上还是门店,特斯拉都将以礼宾服务的方式将车送到顾客指定的任何地点。提车后的数月时间里,如果车子出现了问题,公司会上门提车送修,并在维修期间临时借给你一辆车。当然,早期的车主曾遇到一些小毛病,但特拉斯应对的方式异常巧妙——工程师在车主睡觉的时间里,通过网络连接到问题车辆进行软件更新,第二天车主会意外发现车辆运行正常。

你看,消费者视角的变化会带给产品和企业多么大的创新与颠覆！在此之前，马斯克没有任何运营汽车公司的经验，但他靠着对消费者体验的极致发掘，击败了美国底特律、日本和德国的汽车企业。

仅仅用了十多年时间，特斯拉就成为全球市值最高的汽车公司之一，创造了一个令人惊叹的奇迹。

创造不存在的需求

纵观古今中外的高端品牌，在成长和不断崛起的过程中，设计都起着相当重要的作用。

在一次采访中，曾和乔布斯搭档担任 CEO 的斯卡利谈到了乔布斯的 12 条创业信条，其中第一条就是外观设计："乔布斯尤其认为，产品外观设计是否成功，将决定着产品能否给用户带来良好体验……我们曾研究意大利设计师设计的汽车车型，曾研究这些车型的配件安装、车漆、所使用材料、颜色及其他元素……事实上很多人至今也不明白的一点是：苹果并不仅仅是一家制造计算机的公司，苹果非常注重产品设计，并使自己产品在市场占据优势地位。"

在苹果，首席设计师乔纳森·伊夫（Jony Ive）的影响力仅次于乔布斯。乔布斯视他为"在苹果的精神伙伴"。在伊夫的主导设计下，苹果创造了 iPod、iMac、iPhone、iPad 等一系列的伟大产品。

很多年来，国内家具厂商到国外参展都以拍照为主，回来后再根据照片上的款式仿造，而慕思的做法是将全球顶级的设计师请到中国。例如2006年，慕思花重金聘请国际家具设计专家莫瑞斯·巴里朗为首席设计师，帮助慕思产品进行设计升级、材料升级。

莫瑞斯60多岁时加入慕思，此前做了40年的家具设计。他所设计的家具曾在米兰、科隆等很多地区展出，享誉全球。2006年，莫瑞斯在广州的一个家具展上与王炳坤结缘。

莫瑞斯回忆说："他很欣赏我的设计、我的创意和我对新科技的关注，他告诉我一张好的床不仅有利于身体健康，也有利于大家的精神状况。而慕思作为一家致力于改善全人类睡眠的公司，在产品的设计上、材料的选择上，以及新科技的应用上有很严格的标准。他也建议我一起来开发世界上最好的床。这个年轻人的抱负使我震惊。"

在王炳坤的感召下，一年后，莫瑞斯成为慕思的首席设计师，奔波于中法两国之间，每年有6个月待在东莞。后来，莫瑞斯的儿子杰里米·巴里朗也成了慕思的一名设计师。

2006年，刚刚起步两年就花费巨资聘请如此重量级的设计师，对慕思来说是一场冒险。要知道，在一年前，慕思还因为发不出工资而发愁。

慕思高薪聘请的全球优秀的设计师，不只是莫瑞斯一人，而是直接从欧洲挖来一批人为慕思全职工作。同时，慕思坚持中西结合设计本土化，整个设计团队要研究中国人的文化和习惯，研究中国人的审美。

比如，欧洲设计大多使用简约风格，然而太简约的设计，在国人看来可能是简陋。因此需要设计师在产品风格上加入一些"轻奢"的元素。慕思有一款隐含元宝元素的产品，非常畅销，因为它满足了中国人渴求财富的心理需求。所以有人说，慕思任意一款产品，摆放在客户家里都是一件艺术品，具有非凡的意义。

1989 年，贝尔纳·阿尔诺开始担任路易威登和整个 LVMH 集团的董事长和大股东，为了擦亮这个老字号招牌，他们在启动广告大战、将品牌发展历史传奇化之外，另一项重要工作是让设计活泼起来。

黛娜·托马斯在《奢侈的》一书中记录了相关的事件：

1996 年，为了纪念花押字帆布诞生 100 周年，他们聘请 7 位先锋设计师重新诠释这种帆布，并把他们的设计作品当作宣传广告。同时在纽约、米兰和巴黎举办两次新装秀，上千名媒体、通讯社和图片社的记者纷至沓来。对此，贝尔纳·阿尔诺引用了一句名言："时尚评论的价值不在于是褒还是贬，而在于它有没有出现在头版。"

后来贝尔纳·阿尔诺想在路易威登开辟女式高级成衣线，就找到一个年轻的纽约嘻哈风格设计师马克·雅可布负责此事。后者刚刚设计出一个破破烂烂的服装系列让时装界大跌眼镜，引发强烈争议，这正是贝尔纳·阿尔诺想要的。后来雅可布设计的女装系列在巴黎时装周上广受欢迎，被评价为时装业的新风尚、领头羊。这些女装虽然在路易威登的营业额中占比不到5%，但吸引了诸多眼球，卖出了更多路易威登的皮具。

难怪有媒体评论：雅可布这位前卫的设计师担任创意总监，为路易威登这个品牌源源不断地注入了新话题，成功地吸引到一大批年轻的追随者。

按照贝尔纳·阿尔诺的要求，雅可布熟读了路易威登历史，他将一系列现代元素镶嵌在老式路易威登上，让路易威登箱包的竞争力日益增强。最经典的两款路易威登手提包便是这样被设计出来的：一款将路易威登标识涂鸦堆砌，另一款将五颜六色的LV标识衬托在纯白底色上。贝尔纳·阿尔诺对雅可布的设计十分满意，形容其将现代趣味与路易威登历史传统完美融合在一起。

除了任命雅可布重新打造路易威登，贝尔纳·阿尔诺还将纪梵希的设计工作交给来自英国的鬼才设计师约翰·加里安诺，后者华丽的设计风格令纪梵希一改传统的老派路线；迪奥则交由艾迪·斯理曼来打理——艾迪以他"当代阳刚概念"的风格席卷全球，甚至第一次把男装抬高到了可比肩女装的地位。

对思琳的品牌再造更是贝尔纳·阿尔诺的传奇一笔。他将思琳这个原本做童装起家的品牌交给美国设计师迈克·柯尔，后者开发出商旅系列，后来另一个设计师菲比·菲洛用了不到一年时间，便推出了一个大热手袋，进一步将思琳打造成女性时尚的标杆品牌。在贝尔纳·阿尔诺的运作下，思琳从二三线品牌成为可与香奈儿抗衡的旗舰奢侈品牌。

《中国企业家》这样评价："慧眼识珠的贝尔纳·阿尔诺，总能将业界顶尖的设计师与品牌完美融合。利用这一方法，路易威登、纪梵希、思琳的品牌再造都实现了巨大成功。"

有人曾问及他打造高端品牌的秘诀，贝尔纳·阿尔诺这样总结："奢侈品品牌的树立要比其他生意困难得多，它需要创造一种根本不存在的消费需求，塑造时尚奢侈品牌必须遵循一个公式：通过挖掘品牌历史并用适当的设计师来诠释它，从而定义出品牌身份；严格控制品牌质量和销售；巧妙造势、吸引眼球。"

从 1989 年以两个品牌起家，到如今由 60 多个知名奢侈品牌组成的 LVMH 集团，贝尔纳·阿尔诺创造了高端品牌经营的奇迹。2021 年 8 月 10 日，贝尔纳·阿尔诺以 1979 亿美元（约合人民币 1.28 万亿元）的净资产，取代亚马逊创始人杰夫·贝索斯、特斯拉创始人埃隆·马斯克和微软创始人比尔·盖茨，成为世界首富。这是多年来，世界首富的位置首次被一个传统行业的企业家赢得。

激发好奇心

当你遇到意想不到的惊喜时,你会情不自禁地发出"WOW"的惊叹。"WOW"发音的音长和音重与你感到惊喜的程度成正比。

期望消费者在看到产品时由衷地发出"WOW"的惊叹,是每一个品牌都梦寐以求的事。许多奉行这一法则的新公司,轻轻松松地就超越那些经营数十年、甚至上百年的大企业。

手机是摩托罗拉发明的,在相当长的时间内摩托罗拉是全球市场的霸主,为什么几乎在一夜之间它和诺基亚被苹果这样的外行干掉?

因为苹果手机创造了尖叫效应,重新定义了整个手机产业:手机不再只是打电话、发短信的工具,而变成一个智能终端,有时候变成我们身体不可替代的一个部分。这个产品像病毒一样迅速席卷了世界,摩托罗拉和诺基亚几乎来不及做出反应。

茅台酒为什么偏安一隅、最终却香飘万里之外?为什么它"长相"并不现代、有美感,却能令政商两界的精英为之迷恋不已?因为它以虔诚般的信仰守护着最原始的品质,守护着千百年来的酿造工艺和流程,守护着五年的生产周期和核心产区形成的独特味道,守护着自身有限产量下的独特价值,单单这一点就令茅台酒足够令人惊叹,令人迷恋。

为什么慕思一张床垫动辄卖到几万元仍然有许多消费者青睐有加？因为它卖的不是床垫，而是通过全球采购优质材料形成的健康睡眠系统。它颠覆了床垫行业，带给消费者的是一个解决方案，一套极致体验的产品。从这个角度上，它重新定义了床垫行业，但更重要的是，它带给消费者一种全新的、令人尖叫的睡眠体验。

尖叫度（Customer Scream）一词据说最早源自苹果公司，指的是产品和服务超出用户预期的程度，其目的是看用户首次接触产品或新功能产生兴奋或惊喜的高峰体验。与"满意度"不同的是，它更关注超出用户预期的体验。

在商品过剩的时代，各类产品琳琅满目，各种品牌层出不穷，早已令人眼花缭乱。高端消费者几乎已经拥有了所需的一切，而且他们是如此忙碌，以至于根本没有时间去浏览商家竭尽全力为他们生产的产品和不惜血本投放的广告。

在这样的背景下，大多数高端消费者喜欢"安全"地消费使用过的产品，不会轻易寻找陌生的替代品，除非你的产品能让他们发出惊叹和尖叫。只有你的产品足够与众不同，才能吸引这群特立独行的高端消费者。

营销专家赛斯·高汀曾经有一句著名的言论："我们有两条路可以走，一条无声无息的、不求有功但求无过的、默默无闻的或者说是安全的路，另一条是创造伟大的、独一无二的紫牛之路。"

是的，当你看到一头好像从童话中走出来的奶牛时，你会激动不已；但是当这些黑白花的奶牛一次次反复出现时，我们很快就熟视无睹、甚至厌烦了。如果路边出现一头紫色的奶牛，那么大家的眼睛肯定会为之一亮。

赛斯·高汀专门写了一本畅销书《紫牛：从默默无闻到与众不同》，里面提到一个核心的法则："像制造病毒一样创意你的产品，像病毒扩散一样设计你产品的传播和影响路径，让你的产品会说话。"

心理学家让·皮亚杰曾总结了一个好奇心法则：人们在缺失感最大的时候会有最强的好奇心。他认为好奇心呈倒"U"形曲线：没有期望值，或者期望值很高，好奇心都比较小，只有当人们面对意外的惊喜时，他们的热情才会被点燃。

好奇心，重新定义了什么是好产品。营销经理人试图用各种各样的指标，来全景式描述好产品应该具有的诸多特征。其实，消费者在面对产品时，感性会战胜理性。能激发他们的好奇心，并让他们真心发出"WOW"的赞叹，这样的产品就是好产品。就像特斯拉电动汽车、戴森吹风筒、慕思床垫一样。

菲利普·科特勒在《营销革命4.0：从传统到数字》中指出，在注意力缺货和信息碎片化的时代，品牌需要为消费者创造"惊叹时刻"（Wow Moment）。

紫牛也好，好奇心也罢，或者WOW时刻，其实表达的是相同的意思。当然，我更愿意称之为"病毒"，因为病毒不但代表了视觉与心理上的震撼、语言上的相互"传染"（口碑），还代表着消费者会自动采取行动。

那么如何制造"病毒"产品呢？材料、设计、包装、技术……甚至足以令你瞠目结舌的价格都是可以切入的角度，关键是，你要超出人们的期望，甚至越颠覆越好。

就像修建水库一样，这些惊奇所形成的反差越大，形成的注意力势能越大。苹果手机和特斯拉电动汽车之所以迅速风靡全球，是因为它们在产品方面进行了多方位极致的探索，同时在服务、终端、模式等方面都进行了超出常规的创新与颠覆。

1956年，雅诗兰黛的第一瓶天价面霜横空出世，一推出就震惊了所有人，因为当时最贵的护肤品也就10美元，而雅诗兰黛的这瓶面霜定价115美元，比当时最贵的护肤品要贵上10倍都不止。第一次听说化妆品可以这么贵，一时间美国的明星名流们都蜂拥抢购，因为大家都想试试看这款贵得出奇的面霜到底有什么特别之处。

就这样，这款雅诗兰黛夫人梦想做的、完全不计成本、只为最好而生的奢华面霜闯进了当时上流社会的女性圈子。这款面霜变成了最时尚的谈资，开启了化妆品界奢华护肤的风潮，让雅诗兰黛成为名副其实的高端护肤鼻祖。

对于高端品牌而言，好产品的定义已经完全不同了。它不只定位于材料和包装，也不只定位于技术和设计，而是代表着一种极致的精神追求。这种极致，超出了大多数人的认知层次和心理边界，甚至穿越了人们的情感与思想障区，从而带给高端人群一种前所未有、无可替代的身心体验。这种感觉像病毒一样，让身在其中的人忍不住分享与炫耀，让未能拥有的人忍不住寻求与购买——尽管它的代价往往不菲——这反而进一步加剧了拥有者的与众不同。

设计感对"WOW"有着巨大的推动作用。无数的企业都将"追求产品极致"挂在嘴边，然而在设计上却不肯多花一分钱。

无论处在哪一个产品层次，好的设计能激发人们的好奇心，带给人强烈的愉悦感。因此，我们应该在传统的产品评价体系中，加入"好奇心"这一指标。

好奇心是人类进步的动力源，不断驱使人们探索世界的奥秘。

在科幻小说《三体》中，三体人用二向箔向其他星球实施降维打击，好奇心，就是高端品牌的二向箔。

定位新解

2004年，艾·里斯从《物种起源》中得到灵感，与劳拉·里斯共同出版了《品牌的起源》。他认为，真正的品牌是某一个品类的代表，将品牌与产品的核心品类挂起钩来，甚至指出，一旦品类属性消失，品牌也将消失。

2005年，钱·金教授在《蓝海战略》中指出：要赢得明天，企业不能靠与对手竞争，而是要开创"蓝海"，即蕴含庞大需求的新市场空间，以走上增长之路。这里的"蓝海"往往与产品品类创新有关。

2020年，品牌专家戴维·阿克在其著作《开创新品类》中有些绝对地强调：品牌增长的唯一路径是要创造有颠覆性的细分品类。

这些知名专家、学者，不约而同地指出了品牌实现增长的路径：开创一个全新的细分品类，并成为品类王。

那么，这一"共识"对高端品牌是否仍然有效呢？

根据我们的观察，如果仅用品类战略来解读高端品牌的战略，可能得不到一个正确的答案。

看一看三大奢侈品集团的品牌布局是怎样的。

LVMH旗下品牌多达50个，如路易威登（LV）、迪奥（Dior）、娇兰（Guerlain）、纪梵希（Givenchy）、宝格丽（Bvlgari）、芬迪（Fendi）、思琳（Celine）、蒂芙尼（Tiffany&Co.）、轩尼诗（Hennessy）、唐培里侬（Dom Pierre Pérignon）等。

历峰集团也不遑多让，仅知名品牌就有十几个，如卡地亚（Cartier）、沛纳海（Panerai）、万国（IWC）、兰姿（Lancel）、登喜路（Dunhill）、江诗丹顿（Constantin）、积家（Jaeger）、伯爵（Piaget）、万宝龙（Montblanc）等。

开云集团亦是如此，古驰（Gucci）、葆蝶家（Bottega

Veneta）、圣罗兰（Saint Laurent）、雅典表（Nardin）、芝柏（Girard-Perregaux）、宝诗龙（Boucheron）等知名品牌都在它的旗下。

从这些蜚声全球的高端品牌中，我们发现多数品牌在品类上有着严重的交叉与重合。

例如路易威登，横跨服装、皮具、鞋履、腕表、珠宝、香水等多个品类；历峰集团的卡地亚不仅涉足珠宝、腕表，还涉足皮具、香水，而且历峰集团旗下还有多个顶级腕表品牌；开云集团的古驰也是如此。

品牌与品类的纵横交错，并没有让这些品牌形成内耗，反倒是多驾马车齐头并进，形成了百花齐放的局面。

为什么品类法则、多元化法则在高端（奢侈品）品牌这里，似乎失效了呢？

《奢侈品战略》一书的作者文森特·巴斯蒂安（Vincent Bastien）、让-诺埃尔·卡普费雷尔（Jean-Noel Kapferer）总结了24条"反市场营销法则"，第一条就是扔掉定位。

他们认为，定位理论的核心是源自对市场环境、用户需求与竞争对手的深入洞察。这背后的隐藏逻辑是"随人起舞"——战略根据环境、用户、对手而定。所以，定位理论强调在一堆同类者中脱颖而出，让消费者产生深刻、不可磨灭的第一印象。

在两位专家看来，高端品牌坚持自身的独特性才最重要，而无需与竞争者进行什么比较，也没有必要另辟蹊径开创一个新品类。他们甚至建议,把"永远不要与他人比较"当作座右铭。

在他们眼中,无论是路易威登、香奈儿还是古驰,每一个高端品牌都是"不可比较""独一无二"的,它们代表的是品位、身份、激情与梦想,而不是代表某种使用价值、某种实用功能。对普通消费者而言,路易威登与香奈儿在产品定位上有什么本质的不同?劳斯莱斯与宾利在汽车功能上有怎样的差异?

不要把品牌的独特性与品类的特别性画上等号,也不要根据市场竞争制定自己的品牌战略。这是两位专家给的忠告。《奢侈品战略》的第一作者文森特·巴斯蒂安是一位实战派专家,他曾经担任路易威登、圣罗兰、莲娜丽姿等品牌的总经理,帮助这些闻名遐迩的全球高端品牌创造过辉煌业绩。

真正伟大的品牌,都是带领消费者往前奔跑而取得成功的,而不是仅仅靠品类的创新。正如爱马仕一直强调的那样:"我们没有试图去了解顾客需要什么,而是带领顾客走进我们的世界。"

其实,如果过度依赖品类的创新,就陷入创新者的窘境里。我们可以大胆假设极端的情况:假如这个行业的所有品牌,都加入品类创新的游戏当中,那么它们最终将靠什么来赢得消费者?如何确保消费者不会迷失在"定位噪声"里?

高端品牌在品类上不具有排他性,但在精神品位上却具有很强的排他性，甚至是独占性。它是社会化、阶层化、个性化、人性化等多重价值的集合，有着可感知、可识别但难以言说的强大气场。这使得它们在跨品类经营上游刃有余。

因此，打造高端品牌需要超越传统思维，从更高的精神视野来重新审视品类战略。我们可将它称为"超越品类"。

随着人口红利慢慢消失，消费红利逐渐显现。当前中国消费市场的人、货、场都在大重构，所有品类都有被重做一遍的机会。如果重新再来一遍，你会怎么做？通常的路径有两种：一种是维持性创新，另一种是颠覆性创新。

颠覆性创新是克莱顿·克里斯坦森给出的解决方案。他的创新法则，影响了包括苹果创始人乔布斯在内的科技巨人，是硅谷科技创业者的精神导师。

他通过一系列的研究，道出了诸多创新者所面临的窘境。例如，为什么行业的前三名不会颠覆性创新？为什么大企业是颠覆性技术的发端者，但最后被颠覆掉的却是它们？为什么颠覆性创新通常是由行业外的人士发起？为什么颠覆性创新通常诞生于低端市场，但最终不约而同地指向高端市场？

颠覆性创新，又称破坏式创新。可见，它对现有体系是具有杀伤力的。大企业不会冒着巨大的风险，将过去积累的一切毁掉，更何况现有的客户需求并没有减少，现有的管理体系依然高效。大部分的行业领袖早就形成了"成功依赖"，它们只需要维持性创新就能延续神话。因此，即便它们掌握了颠覆性技术，他们也可以做到视而不见。

那么，应该如何实施颠覆性创新？

克莱顿·克里斯坦森对"颠覆性"做出两个标准界定：一是诞生于低端市场，正在向更高价值的市场转型；二是必须建立"新的市场立足点"，也就是说，创造一个还没有任何竞争对手存在的新市场。

也就是说，颠覆性创新是一种降维打击，必须用更好的技术、更优的服务、更高的标准去创造一个新的世界。这是一种"品类超越"。

"品类超越"是以独特价值主张为核心、以颠覆性创新为驱动力的"精神定位"战略。它的支撑点与出发点，不是见缝插针地填补市场的空白，而是将行业从"二维世界"带入"三维世界"，为创建高端品牌提供了一个全新的视角。

通过实施"精神定位"战略，特斯拉带领汽车行业进入互联网的世界，慕思将床垫行业带入全新的睡眠系统领域。这些品牌撕掉了传统的行业标签，让行业的本质发生了改变。这些对行业所有品牌降维打击的新超级物种，不仅创造了全新的蓝海市场，而且创建了令人印象深刻的高端品牌。

高端品牌是如何炼成的
看清全球高端品牌背后的六大法则

| 第三章 |

超级用户法则

3

第一节　客户满意度

长期主义思维

商业机会稍纵即逝，企业家是应该牢牢抓住风口，还是保持战略定力？

从巴菲特的"滚雪球"，到贝索斯的"长期才是根本"，几乎所有的投资大师都在倡导长期主义的理念，强调不要短视，要着眼于长远。

资管公司贝莱德集团 CEO 劳伦斯·芬克曾多次评论华尔街的短期主义思维，并直言不讳地指出："伟大的公司拥有长期战略。"但他同时强调，长期战略不是对市场环境视而不见，反而应该不断自我创新。"伟大的公司，每个季度都会观察其战略能否适应不断变化的生态环境。很多平庸的企业只有一款或几款产品，并且不进行自我创新，它们很少关注生态系统如何变化。"

坚持长期战略与适应市场变化，两者并不冲突。技术创新有周期，现有优势随时都可能被颠覆。如果没有长期的战略定力，纯粹追风口，就如同于墙头草，虽然短期表现令人瞩目，但很可能飞得高、跌得惨。

《哈佛商业评论》对商业长期主义有三个清晰的定义：具备使命感，因为使命感决定了商业组织能走多远；坚持价值观，商业组织必须坚持一个堪为行业标杆的价值观；构筑新基石，企业应具备工匠精神，粗制滥造的产品不会有未来。

长期主义说起来容易，但做起来非常难。原因在于，大多数中小企业的生命周期只有三年，能超过五年的不到7%，生命周期超过十年的更是寥寥无几。普遍的观点是，企业都活不下去了，还谈什么长期主义？

其实，无数的案例告诉我们，长期主义并不影响企业的生存，反而能提高企业的生存质量，帮助企业穿越经济周期、创造增长奇迹。长期主义，不是简单重复地做一件事，而是**坚持改进一件件小事**。比如路易威登一直坚持"永远不打折"，数十年来它通过不断提升产品与服务品质，进而维护品牌的稀缺性和品牌调性，在保持产品竞争力上做到了历久弥新。

卡萨帝是近几年崛起的国内高端家电品牌。在成立后的数年时间里，卡萨帝就一直处于亏损状态，但其母公司从来没有放弃：既然选定了"为高端家庭创造美好生活方式"这条赛道，那么就要摒弃短视与投机理念，放弃杂念、心无旁骛，以足够的耐心和定力坚持长期的目标追求。

长期的坚持，终于换来了丰硕的成果。2020年，在中国市场，卡萨帝在人民币1万元以上价位的冰箱、洗衣机、空调、冰吧、酒柜品类均已经实现市场份额第一，厨电收入也增长了79%，成长速度惊人。2020年，卡萨帝收入87亿元，成为高端家电行业当之无愧的领头羊。

除了使命、价值观、工匠精神之外，还有哪些要素是高端品牌长期坚守的？纵观国内外的高端品牌，它们不约而同地将服务当作一项长期价值。

几乎所有的品牌，都在提倡一个观点：一切为顾客着想。然而，具体实践却大相径庭。许多企业将服务视为成本、将服务部门看作一个花钱部门，或将服务当作提升产品利润的一种手段，向用户收取各种名目的费用，例如上门费、配件费、维修费等。更有甚者，随意更改服务内容，削减消费者权益。战略短视自然会带来战术的偏差，只是简单地将服务归为产品销售的附属品，甚至带着"雁过拔毛"想法割用户的"韭菜"，结果可想而知。

要想在同质化的竞争中脱颖而出，服务便是突破口。体验为王的时代，服务是决定企业成功与否的关键要素之一，对高端品牌而言，更是如此。

品牌是产品和服务价值的放大和强化。在越来越注重体验的当下，由于服务在增进消费者体验方面具备强大力量，许多高端品牌将之提升为一种价值战略，而不是只作为产品售后的一种补充。路易威登针对VIP客户会提供独有的特色服务、创新服务、增值服务，比如会邀请他们参加时尚、新品发布会，甚至会邀请尊贵的会员到法国的工厂参观……这些服务会增强超级客户的忠诚度。

特斯拉刚进入国内的时候，价格非常昂贵，加上关税之后落地价在70万元到90万元。很多人不明白，特斯拉卖这么贵，为什么购买者仍然趋之若鹜？因为特斯拉卖的从来不是车，而是体验与服务。

特斯拉在全球率先立下"为所有车主免费修建充电桩"的承诺，仅这一条就收获了大量的好感。更值得一提的是，特斯拉改变了传统4S店的服务方式：一方面，特斯拉通过智能远程诊断服务与OTA空中升级，将故障解决于无形之中；另一方面，远程诊断解决不了的问题，特斯拉则会派移动服务车、技术工程师上门快速维修。这满足了大部分车主的服务需求。

如果一两个小时修不好，车主可预约线下服务中心，工程师提前在线上查看故障并准备好所需配件，车主到店即可直接维修。这种主动式的服务，节约了车主大量时间。

其实，在产品研发之初，特斯拉就考虑到了服务的问题，例如通过采用高度集成设计，把零部件体积和数量降下来，节省需要保养的零部件；通过不断地用软件调整硬件运行状态，以达到最小的能耗和最小的磨损。鉴于此，特斯拉车主的维修服务需求，比传统燃油车少了很多。

在某种意义上，服务构成了特斯特的核心竞争力：充电桩解决了车主的里程焦虑，主动服务节约了车主的时间，而软件优化则节省了维修的成本。正是因为在服务上独树一帜，特斯拉在车主心中拥有极高的地位。尽管它时不时出现一些风波和争议，但对销量的影响微乎其微。服务的重要性，由此可见一斑。

日本奢侈品营销专家岩仓正枝曾在《奢侈品应该这样卖》中指出了大众品牌与顶级奢侈品品牌的服务区别：大众品牌的服务，强调的是对所有顾客提供统一标准的服务；而奢侈品品牌则采取的是"有一百个顾客，就有一百个服务"的模式，即根据每一位顾客的实际情况，提供量身定制的个性化服务。她认为，在如何使顾客满意的具体方法上，两类品牌有着截然不同的区别。

高端品牌非常昂贵，但绝不是贵得离谱，其昂贵除了体现在优秀的材质、不凡的工艺、时尚的设计等处，还体现在服务之上。几乎每个高端品牌，都需要大量的专业人员，花费大量的时间和精力为顾客服务。有的顾客希望得到无微不至的照顾，有的顾客则不喜欢多余的附加服务，因此，服务人员需要准确地掌握每个顾客的个人喜好与需求，以便有针对性地提供个性化的服务。品牌越高端，越是要提供全方位、高品质的服务。

一位家住淄博的用户购买了一台卡萨帝洗衣机，但房屋楼梯狭窄无法搬运，卡萨帝服务管家得知情况后，采用吊车从阳台吊洗衣机至用户家中的方案，经过30分钟的安排，洗衣机成功送达安装位置。为了避免在搬运过程中划伤洗衣机机体与用户家中的地板,卡萨帝服务管家会在用户的家中铺上一条红地毯。此外,卡萨帝服务管家均配备两副手套,搬运时用一副粗线手套,而演示时避免划伤产品换上另一副细线手套,细节之处尽显卡萨帝七星级服务带来的尊贵体验。

日本流传这样一句话:只要专注、踏实地做好一件物品,哪怕只是一枚螺丝钉,也能获得成功。一个成功的高端产品,离不开工匠精神。但是,一个成功的高端品牌,更离不开优质的服务。这就是长期主义的本质。

以顾客为中心

买过慕思床垫的朋友都知道,慕思每年都会给每一位VIP用户送一份精致的圣诞节礼物。这个传统从2004年开始,已经坚持了17年。睡眠音乐手册、贺卡、台历、毛巾、浴巾、化妆包、水杯、运动腰包……这些东西不贵,但相当用心,让人感到贴心,更重要的是,这份温暖年年都有,甚至会陪伴一辈子。这种长情的告白想想就让人动容,何况亲历其中的消费者?

2019年9月16日,慕思正式发布2019年版企业文化,其中"客户满意"被列为核心战略。王炳坤曾这样解读"客户满意"的重要性:"我是从最底层的送货工做起来的,我很清楚客户最在意什么,在互联网时代,无数的人在关注慕思,也时刻提醒着我们不能在质量问题上有半点差池,不能让内部的管理和流程影响到经销商、消费者对我们的信任。如果没有客户满意,慕思离破产就真的只有17天。如果今天还有人在面临选择的时候问我应该怎么办,我的答案是——客户满意。"

在慕思,感动顾客是无条件的。2005年12月,慕思迎来成立以来第一个圣诞节。当时公司还亏损了数十万元,员工发工资都困难。无奈之下,王炳坤只能向要好的朋友借了八万多元给员工发了工资;同时还定做了800多个真皮钱包,送给当年购买的客户当圣诞礼物。"当时有员工说,我们对客户好得有点过头了,花这么多钱买礼物说不定都打了水漂。但我始终相信,感恩客户才能获得口碑。口碑积累到一定程度,就一定会爆发。"

如今,每年圣诞节向客户赠送礼物已成为慕思的一项惯例。在慕思,只要购买了3000元以上的产品,就能在每年的圣诞节收到慕思的特别礼物。最早的一批客户已连续17年收到慕思的礼物了,王炳坤说:"最早的用户大概有860人,他们每年收到礼物的价值,累积到现在,可能超过了他们当年购买慕思床垫的价值。"随着消费者基数不断扩大,仅给顾客送礼物这一项开支,慕思累计付出的费用高达1亿元。

十多年来,慕思一直秉持"客户满意"的服务理念,将之作为企业核心价值观的第一关键词,企业的一切经营都以提高客户满意度为核心。王炳坤坚持这样的观点:市场是一个个客户"打"出来的，而不是只靠广告轰出来的。广告当然重要，但用户的口碑更重要。在人们不认识品牌的时候，广告能起到引流的作用，形成存在客户心中的资产，但这只是知名度；接下来企业需要良好的产品和服务建立美誉度；更通过良好的客户管理在一部分客户中形成忠诚度；最终的目标是通过各方面的提升形成客户的依赖度。

在慕思的门店内，消费者从第一次进店开始，就可以持续感受到五星级的全程服务体验。消费者购买慕思产品，并不意味着服务结束，而是服务刚刚开始。

在售后服务方面，慕思很早就成立了专业的售后团队，开通了400和800开头的免费服务热线，主动电话回访客户，咨询客户的使用情况及收集客户的宝贵建议，不遗余力地为客户解决产品和服务上的疑问，回应每一位顾客的建议和意见，甚至对某些挑剔的顾客保持理解和宽容，送出精心准备的礼物……这些看起来很普通的事情认认真真做下来，就有了背后的满意度、转化率，慕思将之与经销商的奖惩结合起来，就形成了上下一致的共识与行动。久而久之，服务竟然成了慕思竞争战略的核心。

平凡的服务工作只要能持之以恒落到实处，不但能创造出巨大的价值，而且可以创造出意想不到的战略效果。

王炳坤认为，企业的发展战略通常有两个：一个是产品中心战略，另一个是顾客中心战略。"产品中心战略就是你要不断地开发出更好的产品来，产品体验做到极致的时候，企业就会不断地发展。所谓的顾客中心战略就是让顾客满意、增强顾客的黏性。要让顾客满意，不仅要把产品的体验做到极致，更重要的是把服务的体验也做到极致。顾客中心战略和产品中心战略最大的不同就是，产品中心战略考虑我今天投下去之后回报是什么，顾客中心战略考虑的不是今天的回报，而是未来的回报。"

例如，慕思推出的"除螨"服务，从短期来看，看不到回报，但从长期来看，回报巨大。据权威杂志研究成果：约有44%的过敏症患者存在不同程度的睡眠问题，如入睡困难、易醒、多梦等。中国的过敏总发病人数占中国总人口近三分之一，而这些过敏症患者中高达70%都是因为螨虫。这些数据令慕思感到担忧。

2015年6月18日，慕思携手中国睡眠研究会、红星美凯龙等机构联合发起"世界除螨日"，并同时在北京举行首届"世界除螨日暨除螨标准发布会"，将其实践三年之久的标准正式发布，并将国外备受欢迎的除螨设备引入中国。

尽管慕思推出了具备防螨、抗螨功效的床垫产品，但定时除螨仍是必不可少的环节。它承诺，凡是购买了慕思寝具的，慕思金管家会请专业团队定期到顾客家中提供慕思产品深度护理等免费服务。

慕思曾在全球超过100个城市同步开展"除螨大行动"，

并派出超过 1000 台专业除螨服务车，逾 2000 人的服务团队为慕思数百万新老客户提供上门除螨服务。当慕思金管家服务团队帮一位用户做完除螨清洁服务后，消费者十分感动，写下了这段文字。

"我家 2009 年买了一张慕思的床和一套卧具，2010 年又为我女儿买了一张床垫。这么多年来，慕思一直坚持年年回访，并赠送礼物。去年（2015 年）和今年（2016 年），又为我们做了床具的除螨清洁服务，我们打心眼里感谢他们。作为一个客户，能用什么回报他们呢？只能向朋友们推荐慕思产品。金杯银杯，不如顾客的口碑。"

2018 年 6 月，慕思正式发布"金管家"服务品牌。它是慕思按照国际先进服务标准和流程孵化而成的一个服务品牌，是由全生命周期场景体验、全程睡眠数据检测服务、睡眠咨询服务、深度除螨服务、全生活场景体验、七彩阳光配送安装服务等构成的 360° 矩阵式服务。目前，金管家已成为慕思的核心竞争力之一，慕思每年投入在金管家上的费用相当高昂。

这种类似于家庭成员般的陪伴式服务，使慕思品牌实现了人格化转型，更加富有温度，让消费者成为品牌的使用者、传播者和推广者。某种程度上，金管家颠覆了家居行业过去售卖之后就"货银两讫"的传统零售模式，实现了企业与消费者之间的价值重构，同时，慕思的服务体系，等于是把"一锤子买卖"变成了"永久关系"。

与用户产生更深度的情感连接与文化连接，这是服务战略的前提条件。经过十多年的精心打造，慕思已成为一种生活方式与文化符号。

慕思遵循一个朴实的原则：只要体验好，服务好，用户就会升级成"慕粉"。正如王炳坤所说，"一睡慕思就回不了头"。慕思的目标是，让更多的人睡起来。睡的人多了，"慕粉"也自然多了。

用户的创造力

2016 年 9 月，万豪以 122 亿美元收购喜达屋，一跃成为当时全球规模最大的酒店集团。收购完成后，时任万豪 CEO 的苏安励（Arne Sorenson）坦承："喜达屋的会员忠诚计划，是吸引我们开展这笔交易的重要因素。整合两家的忠诚计划是我们的首要目标。"喜达屋旗下的豪华酒店遍布全球，但它的价值跟 2100 万会员客户相比，只能屈居第二，会员客户已然成了喜达屋最重要的资产。

万豪并购喜达屋之后，着手做的第一件事就是整合会员系统。经过整合之后的万豪，全球会员数已超过 1.5 亿。万豪在全球拥有 30 个品牌、6900 余家酒店、131 万间房间。驱动这一庞大体系高速运转的，便是万豪的会员系统。在万豪内部，会员忠诚度计划是最重要的业务板块。与非会员相比，会员的消费频次、消费总额高，但获客成本很低，并且对万豪有非常高的忠诚度。

万豪会员有一项特殊的权益，那便是通过积分竞拍的方式，获得金钱买不到的体验。例如可以在东京的米其林星级餐厅学习做出一道"星级料理"，可以在伦敦和家人走在《冰雪奇缘2》首映会现场的红毯上，也可以去迈阿密与NBA球星德怀恩·韦德一起在室内篮球场上切磋球技。

会员忠诚度计划让万豪收获了一大批超级会员，他们是万豪品牌的传播大使，也是万豪亲密的合作伙伴。2019年，仅会员就为万豪贡献了50%的酒店入住率。

对万豪来说，用户是最大的资产，远比酒店等实体资产重要得多。因此，它把营销的核心放在经营用户上。

同样，特斯拉非常注重经营用户，不过相较万豪而言，特斯拉的车友群更具凝聚力。

毕业于耶鲁大学的陈尔东是一名特斯拉车主，他在一篇文章中写道，特斯拉颠覆了他长期坚持的"车只不过是代步工具"的观念，"因为车的附加值——车友圈太吸引我。我迅速入手一辆"。

陈尔东在上海特斯拉车友群里发现：任何有关特斯拉的问题在群里发出之后，都会迅速得到其他车友的解答；一些车友开放了自家的充电桩，免费提供给车友们使用；车友们甚至为将自动驾驶技术引进中国，假想了一个循序渐进的开放路径。

更令陈尔东感到惊奇的是，在创业热背景下，车友群还成为一个创业项目的交流空间，车友们还自主发起并成功众筹了一家火锅店。

陈尔东发现，特斯拉的车主们是一个充满智慧的群体，崇尚科技和创新，对尝试新鲜事物满怀浓厚兴趣，同时又具备谨慎的克制。他们通常都有体面的工作和丰厚的收入，接受过良好的教育，拥有海外留学、就业和生活背景的车主们有相当一部分比例。

陈尔东认为，特斯拉的车友群，也是一群有能量的人。这个圈子教养良好，所以排队充电时也很少发生冲突，他不止一次地看到素不相识的车主相互礼让。每一次充电既是给车补充能量的机会，更是为车主们的彼此结识提供了平台。

《金融时报》中文网曾在《特斯拉是如何打赢一场超维度"品牌战争"的》一文讲述了几位特斯拉车主的故事。

改革开放初期，温燕勤家族从香港进入内地创办工厂，工厂最多时候拥有8000多人。作为第一批特斯拉车主，温燕勤和其他热心车友创建了特斯拉华南车友群。这个富有、热情且极富凝聚力的社群异常活跃，平均保持着每五天办一场活动的节奏。

2016年，车友游佳斌突发奇想，提出他旗下的游侠旅行社能赞助车友们出境春游。他的提议得到了另一位车友邱宏照的积极回应，他在帕劳有一家五星级酒店和航空公司，可以免费包机和接待。最终180名特斯拉车友于2017年2月免费包机前往帕劳，并成功举办华南区首次年会，得到了帕劳总统接见，马斯克亦通过邮件发来祝贺。

帕劳之行，让这个社群的凝聚力达到了顶峰。一位做网络游戏投资的年轻车主感叹："车主群里不少上市公司老板都在为大家做义工，包括很多业界领袖都在抽时间为车主群服务，我有什么理由不无私奉献呢？"一位车友由于热爱这个社群，推荐了30多个朋友预订特斯拉Model 3；一位上市公司老总买了5台特斯拉作为员工的年终奖；一位车友在婚礼上请了十多位车友当嘉宾，也给新娘买了一辆特斯拉作为新婚礼物。

有专家曾针对北京、上海的1000名特斯拉车友展开了一项调查，结果显示，他们更看重特斯拉带来的身份感，但是不希望被贴上传统的"土豪"或者"有钱人"乃至"痴迷技术"的标签，他们希望获得的是一种基于环保的社会责任感的认可。

在每次产品发布会上，马斯克并不像传统企业家那样，将产品的优点事无巨细地罗列出来。他的发言更多地关注"技术的未来"与"人类的生存"这两个宏大命题。这种远大的抱负和为梦想全力以赴的精神，吸引了一批具有相同理念的人，以至于他们对于特斯拉有着特别的偏爱。一位车友说，有了特斯拉之后，开兰博基尼时发出的轰鸣声让他难以忍受，"是一种耻辱"。另一位车友说，马斯克做的事情很伟大，对人类很重要，我想通过买一辆车表达对他的支持，哪怕一点点帮助也好。

在用户们看来，特斯拉已不是传统意义上的"好产品"。哪怕出现一些问题，例如很多车主反馈"胶条老化、密封不严、噪声过大"的问题，车友们大都很淡定。从某种意义上，他们高度认可特斯拉的创新精神、审美情趣、场景变革、产业转型与环保使命。至于胶条密封问题，只是一个可以忽略的小瑕疵而已。

对产品的升级迭代，特斯拉不仅反应速度快，而且释放出了最大的诚意。传统车企的所谓改款，多局限于外观与设计上的微创新，技术上创新不足。一个技术红利要吃十几年甚至数十年，而且红利释放缓慢。而特斯拉不同，新的科技成果会第一时间推向市场，还同步给早期的购买者。迭代之后若成本下降，则马上降低终端价格。

马斯克的情怀与特斯拉的诚意，让车主们对特斯拉"充电难""毛病多"有了更多的包容度，依然捍卫特斯拉的品牌。在品牌推广过程中，特斯拉也经常巧妙地渲染车主们对于既成事实的接受度，带动了整个社会的包容氛围。

物以类聚，人以群分。独特的品牌魅力与清晰的品牌定位，帮助特斯拉筛选出了一群理念相投、层次接近的车主，彼此之间建立了一条微妙且持续的情感纽带。

那些高黏合度、高凝聚力且带有着强烈集体属性的社群，正驱动着一群能量巨大且充满情怀的人，自发地帮助特斯拉赢得一场品牌心智之战。

第二节　超级黏性

超级用户的力量

传统产业的从业者对顾客导向的价值进行了诸多的分析，但真正让他们感到瞠目结舌的是互联网行业的用户价值逻辑。

在互联网行业，一个企业哪怕是巨额亏损，只要它拥有了用户，就会拥有高企的估值，进而获得资本的青睐。有了资本的助力，企业又可以以指数级速度圈来用户，这些巨量级的用户可以在公司走向成熟的时候为企业带来营收和利润。

互联网产业的快速崛起为传统企业在经营用户上带来了全新的视角，也使得顾客资产的概念越来越深入人心。自20世纪80年代以来，人们开始意识到吸引一个新顾客的成本要高于维系一个老顾客的成本，从而引发对客户关系管理（CRM）的重视与实践，继而引发学者们对客户终身价值的不断思考和研究。

根据一些专业机构的研究：客户保留率增加5%可以让公司的盈利能力提高75%，甚至一倍；吸引一个新顾客的成本是维系一个老顾客的5倍；向新客户推销产品的成功率是10%，而向现有客户推销产品的成功率是50%。也有机构的统计数据告诉我们，你公司未来收入的 80% 来自你现有客户的 20%……在这种情况下，品牌管理者需要深入地思考：谁是我们的最佳客户？我们又能提供给他们什么独一无二的价值？

随着人口红利、流量红利不断丧失，品牌要在各个平台里获取新客户如同大海捞针，所付出的成本越来越高，获取新用户变得前所未有地难。与其漫无目的地撒网式推广，花大钱去获取新用户，不如深耕老客户，深挖他们的需求。

很多人把普通注册会员与高忠诚度会员相混淆。在一项关于会员经济的调查报告中，接近七成的调查者反馈，办理会员看重的是会员消费更便宜、更省钱，而只有一成半的会员更看重服务是否高质量、会员是否受重视。普通注册会员在意实惠，而高端会员重视服务。

因此，企业的目的不是留住每一位顾客——这是不可能实现的目标，品牌管理者应当从所有注册会员中有效识别出那些高忠诚度会员，将用户推荐值、用户消费值作为重要的运营指标，而弱化新用户贡献值这一指标。

这种高忠诚度的顾客，有人称之为灯塔顾客，也有人称之为超级用户。他们不仅是品牌的重度消费者，而且是品牌社群的创建者，也是品牌精神的传承者。他们还有一个共同特点：人数不多，却是品牌最倚重的对象。

发展战略专家艾迪·尹（Eddie Yoon）在《超级用户》一书中，引用了尼尔森的大量数据，并且以苹果、迪士尼、卡夫食品、丽思卡尔顿酒店等企业案例加以论证超级用户的价值：他们热爱某一类产品，对这类产品的使用频率极高，有的甚至到了痴迷的地步。比如，球鞋的超级用户会拥有几十双球鞋，苹果的超级用户一出新款就会第一时间抢购，哈雷的超级用户会持续购买十几台哈雷摩托车。

由于对产品投入了感情，这些超级用户通常对价格并不敏感，只要新品能让他们心动，他们都会再次购买。艾迪·尹认为，这些超级用户仅占其所有消费者人数的 10%，但他们可以将销售额提高 30%～70%。显然，他们是一群最有价值的消费者。如何牢牢抓住这些超级用户，已成为品牌管理者深入研究的重要课题。

2013 年，特斯拉全年总交付量为 2.2477 万辆，中国的销量更是少得可怜。2014 年，特斯拉在中国销售目标仅为 1000 辆，但它似乎从来不担心中国销量的问题。没有代言人，也不打广告，仅靠超级用户策略，特斯拉收获了一大批高价值用户。

在 2014 年 2 月 18 日新浪科技举办的"2013 年度风云榜"颁奖盛典上，特斯拉首任中国区总经理郑顺景透露："在上台嘉宾中，有超过一半的人已经预订了 Model S。"这些嘉宾中有小米创始人雷军、果壳网创始人姬十三、知乎创始人周源、去哪儿网创始人庄辰超……2014 年 4 月 22 日，俞永福、李想、汪东风等科技公司创始人成为 Model S 中国首批车主，并从马斯克手中接过了车钥匙。

首批用户对于市场的培育至关重要，这关系到特斯拉的未来。第一批客户并不仅仅把自己看作购车者，更多的是把特斯拉当作是惺惺相惜的同行者，因此，他们常常会忍不住要将它推荐给自己的朋友。例如，2014 年雷军就送给俞永福一辆特斯拉，并希望他做一个能和特斯拉系统相匹配的 UC 浏览器。

2014 年特斯拉在中国的目标销量不多，却拥有一批忠实的科技大佬用户。这种带有明确指向的超级用户策略，让特斯拉在科技圈声名斐然，大大加快了中国市场的开发进程。

慕思不仅是超级用户思维的倡导者、实践者，而且打造了一个科学完整的超级用户体系。

2019 年，慕思在一项针对高端用户的调研中发现：当问及客户为什么购买慕思时，他们很多人第一反应都是因为朋友推荐，口碑的转介绍率达到了 68%。其中一个超级用户，甚至给慕思先后介绍了 10 多个新用户。美国盖洛普当年的研究报告显示，当时慕思品牌总体满意度为 96%，品牌忠诚度则高达 94%。

通过这个调研，王炳坤开始重新思考新零售的本质。他认为，新零售不仅是线上线下的融合，更重要的是要关注三个本质：第一，能否充分占用顾客的时间，因为占用顾客的时间越长，生意机会就越大；第二，能否提高顾客亲密度，因为顾客和产品的亲密度越高，商业机会越大；第三，能否形成不可替代，因为一旦形成不可替代，用户的转换成本就会很高。解决这三个问题，首先要解决顾客的信任和忠诚度，打造超级用户。

他认为，新零售的本质就是打造超级用户，"怎么去打造超级用户，怎么去增加黏性，如何把床垫这种低频次的东西变成高频次的消费，就是这个行业要解决的问题"。

超级信任的魅力

对高端品牌来说，超级用户如此重要，但打造超级用户，需要什么样的条件？

姚吉庆给出了一个结论和一个公式。

结论是：打造超级用户就是打造超级信任度。

公式是：信任度=（可靠度+可信度+亲密度）/自我中心。

信任度公式最早由麦肯锡公司提出，它简明扼要地阐述了可信度、可靠度、亲密度以及自我中心程度四个关键要素之间的关系。

可靠度，是建立信任的第一步。

精神分析心理学家艾瑞克·弗洛姆（Erich Fromm）认为，对他人有信心，即是肯定他的基本态度、人格核心、可靠性和不变性。品牌也是一样。

我们在前文中阐述过品牌一致性与不变性的重要性。可靠度，考验的是品牌的品格，品牌是否始终如一地坚持高品质并把客户的利益放在第一位，是否在品牌核心理念上保持一贯性与连续性,是否一如既往地诚实守信对待任何利益相关方,等等。任何一个细节做得不到位,都会让品牌的可靠性打折扣。

广告界有观点认为,品牌是一种价值承诺,包括产品、服务乃至品牌信念与主张。衡量一个品牌是否可靠,就看企业能否在这些方面做到言行一致。

可信度,是品牌综合实力的体现,包括品牌知名度与美誉度,以及企业规模、所获得的荣誉、工厂制造水平、行业地位以及合伙伙伴等要素,这些会让用户觉得品牌是可信的。品牌若在全球范围内有着广泛的声誉,那么它的可信度就非常高。

亲密度,是一种关系。它非常重要,但往往被忽略。它检验的是品牌的消费者沟通能力。若即若离、可有可无的人际关系,信任浓度是不够的。这需要品牌更加主动,要倾注更多情感与人文关怀,与客户形成如同家人一般的亲密关系。

在信息爆炸的时代,一方面,消费者每天接触的资讯呈几何级倍数增长,信息严重过载;另一方面,他们被各种推荐机制和算法包围着,头脑与思维限定在舒适区里,形成了信息孤岛。面对大量的同质化信息,消费者的大脑会本能地启动保护机制,自动忽略品牌信息。在这样的背景下,品牌要与消费者形成紧密联系,比以往任何时候都要困难得多。

自我中心程度,也可以理解为自私度。它是分母,数值越高,越不利于信任的建立。品牌是一个复杂的生态系统,必须兼顾客户各方的利益,若只是品牌一方赢,就会打破生态平衡,让整个品牌系统处于失序状态。最终的结果是，高处不胜寒，成为孤家寡人。这样的品牌是没有活力的，也无法激发人们的梦想价值。

王炳坤有一个"五赢"的观点。

第一，要让客户赢。让客户获得好的产品和睡眠体验，只有终端客户被慕思所感动，才会转介绍。

第二，要让经销商赢。经销商是直接客户，经销商赚到了利润并被我们所感动，才会跟慕思更好地合作及感动终端客户。

第三，要让员工赢。要为内部员工提供有竞争力的薪酬、良好的办公环境以及个人成长空间，员工才愿意与公司共进退。

第四，让供应商赢。这样他们才会供应最有品质的材料、按时交货，打压供应商的利润空间，最终受伤害的还是公司和客户。

第五，要让社会及整个行业赢。慕思的进步不仅要超过整个行业的速度，更要懂得谋求共赢的格局，整合全球的睡眠技术、人才、研发资源为我们所用，结合我们自身的优势，反哺社会及市场。因为只有整个行业繁荣才会有个体的持续辉煌。

王炳坤判断，如果做好了"五赢"，企业就一定能实现经营的可持续性。显然，慕思重要的出发点是"利他"，是让各方赢。慕思通过"五赢"降低了自我中心程度，提高了消费者的信任度。

除了产品与服务本身所带来的信任关系之外，品牌领军人物的精神力量同样能建立超级信任关系。例如乔布斯、马斯克、任正非等在创业和经营企业过程中展露出的强大精神力量征服了无数人，成功地令部分消费者成为超级用户，甚至能让有些消费者选择性忽略其在产品乃至服务方面的瑕疵。

2019~2020年，华为遭遇了美国的空前狙击。这种重大危机将任正非这个基本不接受媒体采访的企业家推到聚光灯前。在访谈中，这位75岁的老人在遭受肆意打压之后展现出的是平和、自信、睿智、远见。他没有愤怒，只有客观判断；没有情绪宣泄，只有实事求是；没有振臂一呼，相反警惕爱国挟持。

这种思想境界、智慧和心态征服了国人，从而建立起超级信任关系。这种关系也成为华为手机最富魅力的价值资产，让无数顾客毫不犹豫地做出选择。

超级共创的价值

史蒂芬·R. 柯维（Stephen R. Covey）认为，建立信任与四个维度有关：诚实、动机、能力与成果。小到一个人、一个品牌，大到一个市场、一个社会，都可以从这四个维度进行评估。

其中，诚实和动机被归为品格问题；能力和成果被归为才能问题。"诚信"与"动机"直接决定着"能力"与"成果"。

如果一个品牌没有能力与消费者建立信任，它可以通过推出会员忠诚度计划、打造超级服务品牌、创新商业模式等举措重构信任能力，收获信任成果。

没有品格的品牌，不值得消费者信任，更无客户忠诚度可言，当然，它永远不可能拥有超级用户。假如某个品牌的初心是为榨取用户最后的剩余价值，以谎言来骗取用户信任，那么它最终会丧失用户的信任。未来要修复用户的信任，所花费的时间将会相当长，甚至是无限期延长。

进入互联网时代，人们越来越发现，要与用户建立超级信任关系，仅靠上述四个信任维度是不够的。王炳坤提出一个鲜明的观点："顾客是家人。"家人关系是双向的，是深入沟通与互动的紧密关系，它具有强烈的情感属性与人文属性。这不仅能大大提升信任度，而且能从深度交互中感知用户的需求变化并适时改进，使品牌日臻完美。

王炳坤进而提出，营销的核心问题是让粉丝成为用户。到2021年底，金管家用户数近百万，从儿童覆盖到老人，从门店覆盖到生活日常，通过多场景覆盖，实现与消费者的强关联、高黏性。这种高亲密度、高信任度的背后是一种超级共创，它帮助慕思完成了关于超级用户的战略闭环，建立了一条深且宽的护城河。

互联网预言家凯文·凯利（Kevin Kelly）在《技术元素》一书中阐述了"一千个铁杆粉丝理论"。任何创作艺术作品的人，只需拥有一千名铁杆粉丝，便能糊口。也就是说，你不必成为遥不可及的超级明星,只需要比你想象中少得多的铁杆粉丝,你就能很好地生存。"一千个铁杆粉丝"理论已成为粉丝经济的一项重要原则。其实,所谓的铁杆粉丝就是我们所指的超级用户。

这个法则对打造高端品牌同样适用,不必追求用户的绝对数量,但是要讲究用户的绝对质量。一千个超级用户比一万个买完即走的用户,更有价值。

这就需要品牌管理者转换思维方式,重新定义供需关系。之前,品牌与用户的关系更多是简单的买卖关系,未来则需要与之建立深层次的服务和情感关系。品牌管理者不能局限在"产品"的窠臼里,应该超越产品,以经营消费者关系为核心来共建生态。

心理学有一个著名的富兰克林效应:让别人喜欢你的最好方法不是去帮助他们,而是让他们来帮助你。将富兰克林效应应用到品牌建设上,那就是让消费者能为品牌做些什么。这种被需要、被尊重的感觉,会激发消费者的主人翁意识。

富兰克林效应揭示一个重要现象:那些曾经帮助过你的人会更愿意再帮你一次。帮助具有"成瘾性",帮了一次,就会有两次、三次甚至更多次。

同理,如果消费者深入地参与到产品创造、品牌共建之中,那么随着时间的推移,他们会多次参与其中,而且参与程度会越来越深。随着交互的深入,当高端消费者形成一定的品牌偏好时,他们有更强烈的意愿与企业共创品牌。

越来越多的高端品牌,正在将过去死死抓在手中的决定权交给消费者。在频繁互动、深入沟通、彼此协作、持续共创的过程中,品牌与消费者相互成就,形成了一种全新的供需关系。这种关系不仅紧密,而且牢不可摧。

慕思每年1~3月,都要举办回馈老客户的感恩节。2020年9月26日,慕思耗费巨资举办"超级慕粉节"。这场投入巨大的粉丝福利活动,将慕思的超级用户营销实践推向了3.0版,按照他们的定义,1.0版本的主题是感恩,2.0版本的主题是服务,而3.0版本的核心则是普惠。

让我们看看慕思的新玩法:注册成为"超级慕粉",可享受慕思各品牌爆款产品活动专属价、满额好礼、免费除螨、圣诞好物、感恩礼等多重权益;推荐好友成为"超级慕粉"之后,还能享受到满赠的叠加优惠,最高赠送价值三万多的慕思按摩椅;同期,"超级慕粉"代表(如全国知名脱口秀演员等)走进"慕粉直播间",与千万"慕粉"进行互动直播,聊聊睡眠的那些事;为了此次"超级慕粉节",慕思除了给经销商高额的补贴之外,还对导购提供了最高6000元额外奖励、价值两万多元的兰博基尼床垫奖励和免费的旅游福利。

慕思希望通过"超级慕粉节",对老"慕粉"进行全方位的价值回馈,促进他们复购。与此同时,它还设计了一个巧妙的"推荐奖励"机制,以老拉新,建立一个具有超强黏性的

"慕粉"社群。

显然,"超级慕粉节"是慕思基于超级用户思维而精心设计的,与其说它是一个全民的购物狂欢节,不如说它是一个普惠的超级用户节。

从创立至今,慕思服务了千万客户,也积累了众多的"超级慕粉",这是一个庞大的资源,也是宝贵的顾客资产。慕思发起"超级慕粉节",意在与用户进行高频次、多场景、强内容共创,不断激发超级用户内在的热情、影响力和创造力,从而与之建立起更紧密的互动关系、带来更强烈的品牌体验。

中国艺术品创作中,有一种手法叫留白,这是在书画创作中,为使画面更有意境、更具想象空间而有意留下的空白。同样,我们在打造品牌的时候,要给消费者留下一个特别的位置,让他们去体验、感受、想象,甚至让他们来填补、创造。这样"留白"给了消费者一个共创空间。

有时,高端品牌甚至故意做出相反的举动。比如,美国潮牌 Supreme 从来不做寻找消费者的事情,它甚至设定了一系列门槛将消费者排除在外。例如它会让消费者进店购物前完成一场"城市越野赛",或者直接拒绝长得不够酷的人。

这种做法是违背了"广纳天下客"的商业规律,但事实上 Supreme 用这种简单、粗暴的方式甄别出了铁杆粉丝与超级用户,接下来才让这些粉丝深度参与到的品牌建设当中。

例如,无印良品的很多产品都来自消费者的创意。为了让消费者深入参与产品的创造，无印良品成立了生活良品研究所，消费者可以在这个平台发表创意，提出意见，发布需求。投票最多、热度最高的创意设计，将走进工厂被制造成产品。某种程度上，这个研究所成了消费者的创意孵化基地。

一些创业者敏锐地发现了其中的商机，开始帮助高端品牌开发"数字化共创系统"。PlatformE 就是其中之一，这家公司帮助古驰、迪奥、芬迪等高端品牌有效地实现远程化定制。据说，PlatformE 的核心竞争力来自自主研发的 3D 产品模型，消费者可以在界面上自由添加图案、文字来实现共创。消费者还可以自由选择产品的颜色与材质，最终消费者将得到一件世界上独一无二的产品。

高端品牌是如何炼成的

看清全球高端品牌背后的六大法则

| 第四章 |

恋人法则

第一节 "攻陷"用户大脑

视觉锤

美国心理学家艾伯特·麦拉宾（Albert Mehrabian）曾提出过一个著名的沟通公式：

沟通的总效果＝7%的语言＋38%的声音＋55%的面部表情。

人类的大脑有两个不同部分，左脑负责处理声音，右脑负责处理视觉。但俗话说：耳听为虚，眼见为实。人类的人际沟通，绝大部分是靠视觉来进行的，视觉直接决定沟通的总效果。

人类的头脑并不擅长文字记忆，但对形象的记忆是非常清晰的。比如说奔驰，我们看到梅赛德斯这一串字可能记不住，但是一看到那个三叉logo就知道是奔驰。这个logo就像个锤子，把你所塑造的形象砸到消费者的心中，让消费者记住你。

品牌定位也是如此，劳拉·里斯（Laura Ries）在《视觉锤：视觉时代的定位之道》中提出了一个观点：抢占消费者第一心智，要用"视觉"这把锤子，把"语言"这个钉子，深深地嵌入消费者头脑中。她认为视觉对品牌有着非比寻常的意义：一是视觉识别更快，它们几乎可以立刻被识别出来；二是记得更久，视觉具有情感力量，使记忆长时间存在于心智中。

1956年，心理学家乔治·A. 米勒（George A. Miller）在《心理学评论》发表文章指出，在有效记忆（短时记忆的一个组成部分）中，人能感知的"项"的平均数量为 7±2。例如阿拉伯数字为7个，字母为6个，单词为5个，词语越短，记忆越深。

随机找个人做快问快答，很少有人在某个品类中迅速说出7个品牌。你读到这里，也不妨实验一下。30秒内，你能一口气说出7个吸油烟机品牌吗？你能马上写下7个寝具品牌的名称吗？

人类的记忆是有限的，消费者的心智资源是有限的。因此，要在消费者心目中牢牢地占有一个关键词，仅靠"语言钉"是不够的，还需要"视觉锤"。

对那些经典品牌，我们头脑中首先闪现的是它们的logo，例如：苹果的被人咬了一口的苹果形象，华为的孔雀开屏形象，慕思的老人头形象。

某位心理学家曾通过记录人的脑电波和追踪人集中注意力的过程，来研究视觉记忆的差异是如何形成的。他发现，使事情变得更容易被记住只是注意力的一个方面，集中注意力同时意味着忽略外界干扰信息，"重要的不在于你能记住多少相关信息，而在于你能忽略多少干扰信息"。

一个人可以处理的信息是有限的，如果信息过多就会导致分心。生活在信息大爆炸的世界中，我们要学会消除冗余信息，让信息更加聚焦。

劳拉·里斯曾举过一个经典例子：马路的红绿灯。红灯停，绿灯行。人们看到灯的颜色变了，大脑就会瞬间给出"踩油门"或"踩刹车"的信号。如果把红绿灯换成"停止""前行"的文字，人脑就要启动转化机制了，将文字转化成信号。相比文字，人脑处理图像更快。头脑反应的时间多一点，交通事故的概率就高一点。我们将之称为品牌的"红绿灯"法则。

全球著名高端品牌的 logo 大多符合"红绿灯"法则。

一是简约到极致，如劳斯莱斯的双 R，古驰的双 G，香奈儿的双 C，路易威登的 LV 叠字，慕思的 DR 叠字。

二是很少有文字，最早苹果的 logo 带有 apple 文字，后来都去掉了；特斯拉则直接用字母 T 做成极具识别性的图形。

三是二元色为主色调，通常高端品牌都以黑白色作为 logo 色调，哪怕是在服饰行业，黑白色 logo 出现的比例仍然相当高。

建筑专家路德维希·密斯·凡·德·罗（Ludwig Mies van der Rohe）提出"少即是多"的设计理念后，在建筑、室内、产品、平面等设计界都掀起了一股极简的审美风潮。苹果、特斯拉等全球知名品牌都是这一理念的拥趸。越复杂，越难记住。全球知名古建筑不计其数，为什么埃及金字塔、中国长城更容易被记住？除了恢宏的规模之外，另一个原因是它们简约的形状。

其实，这股审美风潮的流行，符合心理学的理论。简约的视觉形象，往往会被率先识别，这会让品牌在心智战中赢得先机，否则就会陷入《品牌22律》一书所描绘的困境之中：费尽心思为品牌设计复杂的符号，结果往往使消费者更加迷惑。

纵观全球著名品牌的换标，大都经历一个由繁及简的过程。苹果logo去掉了五彩斑斓的颜色，变为纯黑色；奥迪logo去掉了各种繁复的图案，变成四个纯色的圈；华为手机的logo去掉了中文名称。

一个立足全球市场的品牌，如果没有自己的"视觉锤"，在拓展多种族、多语言、多文化的国际化市场时，将会遇到很多障碍。既然视觉比文字更重要，那么应该怎样确定自己的视觉体系呢？

首先要找到的是那颗"钉子"，宝马的"钉子"是"驾驶的乐趣"，慕思的"钉子"是"健康睡眠"。然后再围绕"语言钉子"，打造合适的"视觉锤子"。

劳拉·里斯曾以宝马为例阐述了"语言钉"与"视觉锤"搭配的重要性。

有整整十年的时间里，宝马做了一系列"包罗万象"的广告，广告把宝马的优点讲了一个遍：性能卓越，驾驶性好，油耗低，内饰豪华。从广告上看，这是一辆满足所有需求、无可挑剔的车，然而消费者就是不认账。

后来，宝马改变了策略，只留下了"驾驶的乐趣"这颗

"语言钉",再通过一系列车主愉快地驰骋在路上的"视觉锤"钉入人们的心智。宝马如今已是全球卖得最好的豪华汽车之一。

当然,"视觉锤"也不一定必须是 logo,它可以是一个图形,也可以是一个代号,比如路易威登的棋盘格、巴宝莉的格子纹、蒂芙尼的蒂芙尼蓝、劳斯莱斯的飞翔女神车标。"视觉锤"不仅体现在广告的形象中,而且还体现在产品的细节里,经过岁月的沉淀,已成为区别其他品牌的重要标志。

在国内,慕思的"视觉锤"策略独具匠心,它采用一位看上去精神矍铄、充满智慧的老人头像,用男性专家风范代替行业惯用的美女形象。

在家居领域,尤其是寝具,企业大多选用明星美女做"代言人",画面中多以产品为主,人物或躺或靠,极尽妩媚。相比而言,慕思的睿智老者头像的形象十分突出。他深邃的眼神,专业的姿态,从容的气质,充分将"健康睡眠专家"这颗"语言钉"钉入了人们的心智,体现出慕思高端、专业、科学、严谨的睡眠品牌形象。

慕思坚持了十多年这种形象策略,从来没有改变过。这种坚持不懈也是形象得以深入人心的重要因素。这一案例告诉我们,"视觉锤"是一种形象思维,它归根结底是为企业想要传递的关键词——"语言钉"服务的。

慕思的广告很少出现明星,宝马的广告很少出现全家福,遵循的其实是一个简单的原则:什么样的"钉子",就要用什么的"锤子"。

姚吉庆曾经分享："慕思对定位最好的应用，就是智者老人形象。大家看到这个老先生有什么感觉呢？很多人说尊贵、专注、工匠精神，这就是慕思想要传递的形象。正如麦当劳大叔、肯德基爷爷的头像一样，慕思智者老人头像这个'视觉锤'，让我们在全国甚至全世界实现快速扩张。尽管床垫是一百多年前美国人发明的，但是今天健康睡眠的代名词是慕思。"

情感锚

爱一个人是否就要竭尽全力满足对方？如果爱一个人却没有付出时间、精力和行动，那么别人怎么会感受到你的情意？

从营销关系上讲，顾客是付费的一方，是衣食父母——言外之意就是其要求必须无条件地信任和遵从。近年来，强调企业营销以客户为中心、组织以用户为导向的思潮甚嚣尘上。

虽然权力正从制造端（企业方）向消费者方面转移——有专家甚至提出"消费者主权"的观点，但这是否意味着企业就要放弃自己的主权？答案显然是否定的。作为一个组织，我们再强调客户导向都无法替代独立的思想与决策。

对于高端消费者而言，他们需要的不是附和自己的应声虫，而是超越自己想象的满足感。就像谈恋爱一样，失去自我、一味地迎合换不来爱情。你必须有自己的主张、精神独立且有坚定的前进方向。

高端品牌更应该思考和借鉴亨利·福特（Henry Ford）的那句名言："如果你问你的顾客需要什么，他们会说需要一辆更快的马车。"人们在看到汽车之前，会想到还有比马车更好的交通工具吗？不会，因此，听取用户的意见以及建议是必需的，但不能简单地把用户的需求堆叠起来，并据此做出关键性的产品决策，否则就会陷入"更快的马车"的创新者窘境里。

所以，高端品牌没有必要成为用户的保姆，但可以成为用户的恋人——一方面有着强烈的喜欢之情并能为之付出行动，另一方面保持自己情感的独立性，不因盲目喜欢而失去自我，相反，牵引着对方朝着更美好的未来前行。

特斯拉 Model 3 的缺点其实很多，比如高速噪声大，内饰太简陋，续航里程不足，空间小，等等。虽然缺点很多，但 Model 3 是一台属于"未来"的车，它的车联网技术和极致体验激活了人们心目中的梦想价值。

特斯拉没有刻意迎合用户的需求，反而，它将自己的梦想价值放在第一位，坚持自我，带领用户驶入新时代。

高端品牌不能将"迎合用户需求"当作最高指令，而是要把"超越用户需求"当作前进的动力。

营销的真谛是满足消费者的需求，但如何定义消费者的需求，什么是消费者的需求，不是靠访谈消费者得出的。过度地相信消费者调研数据往往是数据越精确，其实越危险。正如巴菲特的那句名言：模糊的正确其实远好过精确的错误。

高端品牌与大众品牌也有很大的不同，高端品牌更有立场、更有追求，在情感上具有强大的牵引能力。因此，高端品牌必须坚持自我，帮助消费者实现梦想、升华精神，而不是一味迎合和顺从消费者。

我们在与消费者深入沟通的过程中，不能苛求他们给出明确的需求，要将重点放在激发他们对美好生活的向往、挖掘他们的梦想价值上。

宝马以"纯粹的驾驶乐趣"为梦想价值，在全球范围内收获了一大批忠实的超级用户。从1962年开始，宝马就从未改变过它的主张。宝马的前身是一家飞机工厂，以制造流线型的双翼侦察机闻名于世。基于全球领先的发动机技术，宝马创造了极致的驾驶体验。

可能有人抱怨宝马的后座舒适度比同级别的奔驰车差，但这并不影响它的梦想价值。人们会因为驾驶的乐趣，而自动忽略后座舒适性的问题。正如悍马车的爱好者一样，他们更多关注它的越野性能。

当然，不迎合，不等于拒绝改变。无论是过于迎合消费者，还是对消费者的需求完全置之不理，都会导致很严重的后果。行事原则是，不能因为短期性的需求而损害长期性的价值。每一个成功的高端品牌都有自己的梦想价值，如果是以牺牲该价值为前提，迎合消费者反而对品牌是一种伤害。

不断放大你的梦想,将驾驶的乐趣和精神满足做到极致,并在所有产品中永久地保持一致性,是宝马的一项长期战略。经过时间的沉淀,宝马的优势进一步凸显。

显然,高端品牌的打造逻辑与大众品牌不同。

大众品牌的目标,是让更多的人来购买产品,追求的是最大公约数。因此,倾听消费者的心声,了解消费者的需求,把他们的愿望转化成产品,非常重要,决定了大众品牌不能过于高端与特别,只能生产符合大多数人审美标准、大众消费得起的产品。

高端品牌的目标,则是让多数人仰望、少数人拥有,追求的是放大的梦想价值。所以,生产出超越用户期待、让用户梦寐以求的产品才是关键。高端品牌虽然也追求销量,但更在意品牌的独特价值,丢掉了它,就会降低人们的期待值和消费欲望。

宝马是典型的既能保持鲜明特色、又能实现高速增长的品牌。宝马专注于 20% 关注宝马核心价值的顾客,放弃 80% 丝毫不关心宝马核心价值的顾客。宝马全心全意地服务这些少数派顾客,让它拥有了相当基数的超级用户。宝马的增长是靠 20% 高端消费者实现的,而不是靠迎合原有市场的 80% 大众消费者实现的。

信仰核

日本营销学专家片平秀贵曾采访了全球许多超级品牌的操

盘手，发现这些超级品牌有一个共性：流淌着热血。

阿玛尼前总经理吉塞贝告诉他："我们是在销售梦想，如果只是简单地为了提高销售额，那么明天就能够把销售额提高到现在的好几倍。"他的潜台词是，只要阿玛尼打折降价，就能让销售额飙升。

戴姆勒集团前 CEO 迪特·蔡澈（Dieter Zetsche）这样评价梅赛德斯·奔驰："工作人员的行为本身就代表着梅赛德斯·奔驰，我们坚持追求'有品位，有绅士风度'的价值观。"

采访完这些商业领袖后，片平秀贵得出一个结论：梦想是最贵重的经营资源。一般人会将人、物、钱、信息列为企业的经营资源，但在他看来，梦想才是真正的稀缺经营资源。

片平秀贵在其著作《超级品牌本质》一书中，列举了对于品牌有重要意义的"梦想要素"，如创新、家人·母爱、风格·流行、年轻·明快、安全·安定、最高点、社会性·伦理性、顾客至上、品质等。这些都是打造品牌取之不尽、用之不竭的思想源泉，大多数高端品牌的梦想都是由其中的两个或三个要素再结合自己品牌的特色组合而成的。

比如沃尔沃汽车，其梦想价值为"最安全的汽车"。安全·安定是其品牌梦想的出发之地。沃尔沃不厌其烦地强调其安全性，数十年如一日。难道沃尔沃没有其他优点了吗？时尚的外观，宽大的座椅，自如的操控，这些只是优点而已，但安全，才是沃尔沃的灵魂。

再比如慕思，其梦想价值为"健康睡眠"，无论在什么时候，不管在什么场合，健康睡眠始终是它的第一诉求。十多年，一直没有换过。它如血液一般，流淌在企业的身体里。

巴菲特说，每个伟大的品牌背后都有一个卓越的商业理念，强大的品牌承载着远远超越产品自身性能的价值。对于伟大的品牌而言，经过时间验证的品牌理念，是驱动它们成长的精神内核。

如果将品牌形容为资产，那么持之以恒地坚持，就相当于定期储蓄。五年，十年，五十年，一百年，只要你不间断地持续定投，你账户里的存款数字就会像滚雪球一样，越滚越大。

广告专家大卫·奥格威（David Ogilvy）曾提出过一个忠告：不必要求每六个月要出现"新事物"，但要坚定信念、信守同一个广告风格。他认为，具有长期稳定想法的广告人，等待他们的是黄金般的报酬。

很多CEO将"营销创新"当作一条重要的准则，不断要求市场部门绞尽脑汁想出新的营销玩法，迎合当下的年轻人。在业绩的强压之下，几乎所有人会忽视持续性的重要性。那些过去行之有效的营销法则，会被看作是没有新意的。

然而，在企业经营的过程中，持续性发挥出的作用，远比你想象的要大得多，正如雀巢前CEO汉穆·毛赫尔（Hammu Maucher）的一句名言：当企业对自己公司的广告开始厌倦的时候，（它的价值）才能在顾客中体现出来。

很多品牌经常根据消费者的喜好将品牌理念变来变去，生怕把握不住潮流的脉搏，落后于时代。但品牌理念是企业文化的重要组成部分，它不仅向消费者传递着强烈信号，更应成为企业上下共同遵守的准则。如果经常变化，不仅会让消费者产生混淆，而且让员工也无所适从。

在人们的印象中，慕思的营销活动层出不穷。事实上，如果我们客观分析，慕思大部分营销活动都是持续了多年的常态活动，例如"3·21世界睡眠日""6·18世界除螨日""8·18慕思全球睡眠文化之旅""慕思感恩节""慕思之夜"等。在这方面，慕思保持了高度的一致性与持续性。

如果说大众品牌是产品与渠道驱动型品牌，那么高端品牌则是梦想驱动型品牌。这不是遥不可及的梦想，更非海市蜃楼的虚幻，而是矗立在远方的灯塔。最终，这个梦想将成为用户心中坚定不移的信仰。

也许很多人对此不屑一顾：品牌是商人给消费者造的一个梦，怎么会成为信仰呢？他们会列举一大串高端品牌来佐证他们的观点：看，这些品牌看起来奢华，却又如此庸俗，怎么会有深邃的灵魂，成为人们的信仰？

伟大的品牌，往往具备强大的魅力。人们买它的产品，某种程度上，是受其感召，心甘情愿追随它。品牌信仰的原点是品牌创建者自己。苹果之所以在全球拥有无数"果粉"，很大程度上归结于乔布斯的个人魅力，特斯拉、华为也是同样如此。

人类天生具有同理心。品牌创建者带着希望和抱负而来，经历了无数的考验与磨难，终于达到成功的彼岸。英雄的磨难与成长，其实是品牌的磨难与成长。无形之中，消费者将品牌与创建者画上了等号。

一旦形成品牌信仰，品牌就有可能创造出用户全生命价值。乔布斯去世，无数的"果粉"仍然不离不弃，一如既往地支持苹果，每出新款，他们都会第一时间抢购。在他们心目中，苹果已成为信仰。

品牌信仰的构建过程，本质上是品牌精神内核与消费者价值观进行匹配的过程。消费者倾向于选择和自己价值观、兴趣、爱好相匹配的品牌。一个自认为优雅的女士，绝不会购买满是涂鸦图案的时装；同理，一个叛逆女孩，很少穿旗袍这样体现优雅的服装。

伟大的品牌通常是具有强大信念的品牌。它们在消费者心目中的地位不可替代，就是因为品牌拥有鲜明、坚定的信念。乔布斯说："把精神放进产品中，这些产品出来后到人们的手上，他们便能感受到这种精神。"只有将信念注入品牌里，才能让消费者感知到它的与众不同。

第二节　创造深度体验

最佳场景

一般来说，高端品牌需要小火慢炖，不要指望立即获得巨大的经济回报，更重要的是让目标消费者对品牌产生信赖感。

我们看到，在全球主要城市最负盛名的商业街，都有高端品牌的专卖店，而且每家门店都建设得富丽堂皇，不少门店甚至成为当地的地标建筑。

艺术家安迪·沃霍尔说："总有一天，所有的百货商店都会变为博物馆，所有的博物馆都会变成百货商店。"

为什么大多数高端品牌选择以门店的方式来拓展市场？位于世界最繁华街道的银座、第五大道的租金极其昂贵，为什么全球顶级高端品牌舍得花费数千万元甚至数亿元来打造一家门店？一个重要的原因是门店能够让用户全面感受品牌的魅力，从而建立信赖感。

专卖店是体现大众品牌和高端品牌之间差别的最佳场所，是驱动高端品牌发展的核心战略之一，它关乎品牌的未来。大多数高端品牌对新开门店非常谨慎，店员服务的标准和流程要求严格。

那些极具艺术性和设计感的专卖店，每一个角落、每一处细节都传达着"品牌至上"的理念。这与陈列在超市里的产品完全不同——在超市里，每一个货架都告诉消费者：产品才是超市的主角。

你在爱马仕专卖店，买的不只是产品本身，还包括品牌背后的故事、工艺以及门店所带来的完美体验；如果将爱马仕的包包与几十元钱的包包放在一起，那么你的注意力就会放在产品本身。

美国著名设计师唐娜·卡兰（Donna Karan）说过："商店应该是一个神圣的地方或文化机构。"在某种意义上，专卖店是品牌与公众沟通的媒介，它极致地传达了品牌的理念与精神。消费者徜徉其中，全方位感受到品牌的魅力。高端品牌建立专卖店的目的，就是满足消费者对品牌的一切想象。

全球顶级高端品牌的专卖店通常有一个庞大的团队在运作。和传统门店的运作系统不同，它以梦想价值为核心，将核心职能部门分成了两个小组：一个是制造梦想的小组，通过产品创新、展示创新、门店创新以及环境创新，帮助消费者制造梦想；另一个是实现梦想的小组，通过广告创新、活动创新、推广创新以及服务创新，帮助消费者实现梦想。其他的职能部门，例如供应链、人事行政等部门，都是为两个梦想部门服务的。

尽管开设专卖店都是为了卖出更多的商品，但高端品牌专卖店的所有行为都是围绕梦想价值来展开的。对它们来说，如果不能产生梦想价值，销售也不会很好。

譬如试衣间，你去逛大众品牌 GAP 或者优衣库的门店，试衣间都相差无几：小小的隔间一字排开，狭窄简陋的空间里，除了一个沙发凳和拖鞋，几乎没有什么陈列，排队等候的顾客如流水线的工人一般。但是，你若去到那些高端品牌的门店试衣间，感受截然不同：宽敞精致的空间，风格独特的氛围，体贴入微的小细节，带给人们的是无与伦比的体验。

为了防止顾客试穿服装时弄花妆容，爱马仕专门在试衣间里放上一条精美的丝巾，顾客可以套在头上保护妆容；为了方便顾客调换、试穿衣服，路易威登特意在试衣间准备了一条睡袍，顾客可以穿着它在店里自由选择衣服；为了让试衣间时刻芳香宜人，迪奥会在试衣间放上一捧白玫瑰，并且每四天一换，顾客随时都能看到新鲜的玫瑰、闻到清新的花香。

1929 年，美国经济学家、数学家哈罗德·霍特林（Harold Hotelling）提出了一个重要理论："在零售领域，一定数目的店铺如果被聚集在一起，在相同市场区域内运作将取得更佳的业绩，也就意味着同类店铺集中将带来规模效应、吸引更多眼球。"

成行成市，这个开店的规则也适用于高端品牌。餐馆喜欢扎堆，高端品牌也是一样，在广州太古汇、深圳万象城、上海国金中心、北京 SKP 等一级商场里，高端品牌专卖店一家挨着一家。

决定开店是否成功的要素仍旧是——"地段！地段！地段！"

古驰的门店不仅会对商场的位置、环境、档次进行综合评估，而且还将商场里有多少家同等级别的高端品牌作为一个重要考量。

一般来说，如果一个商场拥有十五个以上国际一线品牌，那么它就可以称为一级商场；如果一个商场拥有八个左右的国际一线品牌，那么它可以定义为二级商场。像古驰这样的国际顶级高端品牌，基本不会考虑二级商场。尽管一级商场里，与古驰同级别的品牌有十多家，但它并不介意竞争，反而欢迎竞争。

慕思也认为，让加盟商获得成功，除了在品牌推广、产品培训和终端展示上给予支持外，很重要的一个环节就是店面选址。在开店方面，慕思曾经多次试错，最后总结出了一个"店铺经营成功与否 80% 取决于店面的选址"的原则。

据媒体报道，慕思进入美国市场之初，曾经在奢侈品牌聚集的纽约曼哈顿第七大道开过一家门店。当时选址时，慕思的考虑是，周边有一些本地高端家具店，可以形成群聚效应，能为慕思带来一定的客流。

2017 年，该区域开始进行城市改造，许多居民区变成了写字楼，周边的客户慢慢消失了，而且当地人的消费习惯也发生了改变，人们更愿意去综合性购物中心购物，很少选择停车位有限的街边店。

意识到这一点后，慕思立刻调整选址策略，并开始寻找新的店址，最终将门店开在纽约市法拉盛地区的大型购物中心 Skyview Center（法拉盛天景中心）里。事实证明，法拉盛天景中心有大型停车场，消费者购买家具十分便捷，慕思专卖店客流量和销售成交量都得到了大幅提升，仅在试运营期间，销量就超过了已经经营了好几年的纽约皇后店。

多维体验

2017年，Freeman公司曾对全球1000名营销专业人士进行过一次深度访谈：超过2/3的受访者认为，品牌体验是达成企业目标的有效途径；59%的首席营销官认为，品牌体验有利于维持与关键客户的长期关系；34%的首席营销官计划在3～5年内，将品牌体验的预算占比提高至21%～50%。

尽管这些受访者分布在不同的国家、不同行业、不同领域，但他们对"品牌体验重要性"的认知却高度一致。这说明，品牌体验在整个市场营销体系中的地位越来越重要。

这些营销人士之所以如此注重品牌体验，一方面，由于信息的碎片化、内容的多样化，消费者对直给式的广告有了天然的免疫力；另一方面，体验带给消费者的美好感觉和情感共鸣，让他们更愿意分享与传播，这会不断放大品牌的声誉。

如果说广告属于撒网式营销，那么体验则属于垂钓式营销。在互联网勃兴的环境中，撒网式营销效果逐渐下降，而垂钓式营销效果不断凸显。

通常，消费者走进高端品牌的专卖店里，对买什么并不明确，购买的决策时间也较长。因而，专卖店必须预留足够的时间，让消费者感受品牌，了解品牌。这个时候，销售顾问的作用显得尤为重要。

销售顾问带领消费者进入品牌所构筑的梦想世界，他们既是消费者的私人顾问，又是消费者的指导老师。与大众品牌的售货员不同，消费者对他们更加信赖。在高端品牌专卖店，消费者感受不到"推销"产品，更多的是专业上的建议。

全球顶级的高端品牌几乎很少打广告，但对体验营销却无一例外地异常重视。为了取悦少数VIP客户，一些品牌甚至放弃正常营业来为客人举办私人派对。例如，珠宝品牌梵克雅宝（Van Cleef & Arpels）位于美国佛罗里达州的门店曾经为了帮助一位VIP客户举办新娘派对而专门停业一晚。派对当晚，店铺只接待新娘的亲朋好友。

通常，高端品牌会给贵宾提供特别的待遇。店里的销售人员对这些贵宾的喜好、风格了如指掌，贵宾只需要在私人套间里喝着红酒香槟，就有专门人员送来最新款的产品。美国波道夫·古德曼（Bergdorf Goodman）百货公司甚至能够在客人还没到来时，就为之选配好产品。

由于信息技术发展得太快，任何一个品牌都不会长期独享这种技术优势，无论是高端品牌，还是大众品牌。高速发展的信息技术在提高服务效率的同时，也在不断降低服务成本。因此，高端品牌要想与大众品牌拉开距离，就必须把体验做到更高的水平，做得更极致。

有专业人士建议，应该向目标受众强调品牌的象征价值，而非泛泛的产品特色，一个有效的做法是，引导潜在顾客感知美的生活方式。美是一种综合体验，它涉及美好感知的方方面面，它不仅仅来自视觉（如款式、颜色、标识、包装、字样等），还包括嗅觉、听觉甚至是味觉的体验。

全球奢华酒店都有自己独特的香氛系统。香氛就是通过嗅觉让人产生美的感知，从而在顾客心中打上酒店深深的烙印，成为与其他酒店相区隔的无形标志。虽然喜来登酒店的香气与香格里拉酒店不同，但同样能带给人们美好的体验。

在新加坡航空公司，每位乘务员被要求使用统一的标志性香水，这种香味是造就新加坡航空公司高品牌资产的一个重要因素。

味觉同样也带给人们美的享受。在一些高端品牌的专卖店，人们可以品尝来自法国的高档红葡萄酒，以及名厨提供的小点心。古驰与米其林三星餐厅主厨在比弗利山庄合开了一家餐厅，这家餐厅位于古驰男装店和女装店之间。古驰的尊贵客人足不出户，就能享受世界顶级厨师所带来的美味佳肴。

听觉对用户体验同样非常重要。慕思一直研究用音乐疗法来改善人们的睡眠质量。慕思每年都会与专业音乐人、知名音乐厂牌联合发布一张睡眠主题的音乐大碟，例如《觉》《梦》《憩》《悦》《慢》《眠》《一整年的晚安问候》，每一张都是长时间精心打磨的佳作。这些音乐大碟与第四代健康睡眠系统集成的丹麦 Vifa 音响相结合，通过音乐营造安然的睡眠环境，让身心的疲惫得到彻底释放。这些高雅、舒缓、令人身心愉悦的音乐，大大提高了品牌在高端人群中的好感度。

慕思还首次将香薰技术应用在寝具上，将健康睡眠带入嗅觉感受的崭新阶段，其香薰技术的合作伙伴是来自澳大利亚的全球香氛系统品牌 Air Aroma。

此外，每年慕思都要举办全球睡眠文化之旅，前往全球各地探寻当地的睡眠文化。从 2009 年至今，全球睡眠文化之旅从东方至西方，足迹遍布 17 个国家 46 座城市。慕思通过连续举办全球睡眠文化之旅，从"眼、耳、鼻、舌、身、意"六大维度打造立体化的"六根"睡眠文化体验，普及健康睡眠知识，实现从睡眠健康到身心健康的转变。

从某种意义上讲，慕思全球睡眠文化之旅是一个超级体验过程。这种个性化的深度体验，足以让消费者对慕思的品牌文化有更深入的了解。

对高端消费者来说，时间是最宝贵的财富。人们愿意花费时间，到全球各地探寻睡眠文化的奥秘，本身就是一个独一无二、难以忘怀的体验。这些具有纪念意义的特殊时刻，是慕思完美体验计划的重要组成部分，既回馈了顾客，又将品牌文化再一次深深地植入顾客的心智中。

王炳坤用"不可替代"来形容慕思在产品体验方面的追求。

他认为，高端品牌的第一要务是给消费者提供完美的产品体验。因为极致的产品体验，才能够创造不可替代性。

品牌理念和品牌文化并非一朝一夕就能深入人心，品牌体验是一个结合视觉、触觉、嗅觉、听觉甚至想象力的立体体验过程，它需要长期地塑造。因此，做时间的朋友，是打造高端品牌的必由之路。

内容共生

在日常生活空间之外，是否存在一种新型的空间？美国社会学家雷·奥登伯格（Ray Oldenburg）研究发现，人们需要非正式的社交空间——在那儿，人们可以轻松聚会聊天，把对家庭和工作的忧虑暂时搁在一边。

1989年，雷·奥登伯格出版图书《绝好的地方》(*The Great Good Place*)，并首次提出了"第三空间"的概念，"放松的气氛、交谊的空间、心情的转换，才是第三空间的真正意义和精髓所在"。

20世纪90年代，霍华德·舒尔茨（Howard Schultz）率先将"第三空间"的概念引入星巴克咖啡馆中，取得了巨大的成功。30年过去了，人们对空间的需求越来越多元化，人与空间的关系也不断升级，继而引发了一场"第四空间"的浪潮。

如果说"第三空间"的核心是社交，那么"第四空间"的核心是内容。"第四空间"通过空间与内容的相互融合，给用户呈现了一个精彩纷呈的新世界。在这个新型空间里，内容是驱动用户消费的动力源。

内容的内涵已超越产品本身，它是基于文化主旨的各种产品、业态的混搭，很难用单一的词语来定义它。例如方所，它既是书店，又是咖啡馆，还是展览空间，同时也经营服饰。它到底是什么不重要，重要的是它通过体验式阅读、场景式消费、圈层式社交与混业式经营，构建了一个空间与内容完美融合的"第四空间"。

内容与空间的关系不是从属借势，而是融合共生，不仅重新定义了用户体验，而且构建了一个全新的消费场景。通过内容赋能，物理空间拥有了更多的人文情怀，多层次满足人们的物质与精神需求。在内容的加持下，专卖店、健身房、理发店、咖啡厅、书店、便利店、洗衣店等所有线下场景都将具备成为"第四空间"的可能。

在消费升级的大浪潮下，中国所有的线下场景都值得重做一遍，而内容将是重塑线下场景的关键性要素。消费者走进线下门店的那一刻，便走进品牌的内容场景中，他们对内容的感知、体验与审视，将直接影响他们的消费行为。

随着消费者审美理念和生活方式的变迁，一些高端品牌开始尝试打破空间界限，为门店不断注入新的内容，营造不一样的体验场景，建构起全新的"第四空间"。塑造"第四空间"的最佳办法，莫过于将艺术与空间进行完美融合。通过与"被仰望"的艺术结合，既能消解顾客对空间的审美疲劳，又能提升空间的人文气质。

新加坡的爱雍·乌节（ION Orchard）购物中心是全球顶级商场之一，其所在地块历史上曾经是一片果园。设计师由此获得灵感，将购物中心定义为"一枚掉落在果园里的种子，并在这块土地上生根发芽"，通过创意设计将历史与现实连接，传递了富有生命能量的自然文化。

普拉达（Prada）以艺术画廊为标准打造门店，散发出浓郁的艺术气息。走进店内，仿佛走进了博物馆的展厅。

位于伦敦邦德街的路易威登旗舰店花了14个月来翻新改造，以"旅行的艺术"为主题将店的内部改造成了一个艺术展览馆兼商店，展出了25位艺术家的43件艺术品。

蒂芙尼北京店专门开辟了一个"艺术品陈列区"，用于展示国内外艺术家合作的作品，包括与中国艺术家王晋合作的"中国梦"系列，与玻璃艺术大师杰夫·齐默曼（Jeff Zimmerman）合作的"河石"作品等。

苹果的专卖店犹如一个极简的透明玻璃盒子，仿佛一个异次元的未来世界。

著名服装设计师川久保玲会习惯性地在门店里摆设一些艺术作品，并在不同门店轮换，她称这些作品为"美丽的混乱"。

在艺术的基础上，慕思总部旗舰店增添了更多的科技内涵，消费者置身于3000平方米的睡眠空间，仿佛畅游于艺术与科技的殿堂。

慕思总部旗舰店在2015年由著名设计师陈飞杰设计,融多媒体技术体验、智能化体验、立体"3D"式睡眠体验分区为一体,将艺术与科技进行结合,形成全方位的感官体验及充分的心理认同。

慕思总部旗舰店的第一层设计为多媒体演示触动体验层。每一个睡眠空间犹如一个立体的艺术空间,绘画、雕塑、摆件等艺术作品与空间巧妙融合,浑然一体。更为特别的是,慕思以多媒体的全新视角,带给顾客前所未有的感官体验。

第二层为量身定制式的智能化体验测试层,功能涵盖了体格测试中心、睡眠体验中心、电脑自助式定制产品组合,以及床具、枕头自选体验专区,客户通过切身实地的检测及体验,实时掌握符合自身的关键数据。慕思在展现超强科技感的同时,将人体工程学理念展现得淋漓尽致。

第三层为立体"3D"式的睡眠体验空间。慕思通过对消费人群进行细分,打造出七种适合于不同年龄、职业、性别的特别睡眠空间(成熟女性、中产骨干、高端精英、时尚新贵、儿童、酒店及专业床品专区)。通过可调节式灯光体验、材质触感体验、睡眠音乐体验及安神香薰体验等,慕思营造了一个全方位的立体式睡眠体验空间。

显然,很难用简单的"卖场"二字来定义这种旗舰店了。超乎寻常的顾客体验,使慕思总部旗舰店超越物理属性,成为集艺术、科技、生活美学于一体的新型空间。在这里，每一类消费人群都能找到自己的认同感与归属感。旗舰店不再是简单地"将产品销售给顾客"的场所，而是双向互动、彼此吸引的价值创造之地。

技术赋能

大部分的传统企业是通过层层分销的方式触达消费者的，这需要大量的中间环节。从总部到用户，需要经历总部招商——代理商分销——门店展示——用户上门——店员说服——用户购买——售后服务等环节，不仅流程繁杂，而且成本巨大。

冗杂的分销结构给厂商带来了极大的挑战，倒逼厂商不得不重新思考营销的本原。在这样的背景下，品牌与用户都迫切希望缩短链路，高效率地匹配供需。

十多年来，以亚马逊、淘宝、京东为代表的电商平台快速崛起，为消费者带来了购物的便利，也帮助品牌扩大了生意的疆界。然而，绝大多数顶级高端品牌，对入驻电商平台却保持着谨慎的态度。

比如贝尔纳·阿尔诺认为，过快发展线上业务将有损LVMH集团旗下品牌的声誉。他宣称，尽管拓展多渠道保证了销售收入的稳步增长，但对LVMH来说并不是明智之举。LVMH首席财务官吉奥尼甚至放话："亚马逊的业务与LVMH完全不相匹配，该平台不适合我们旗下的品牌。"香奈儿时装部的高管也曾表示，不能确定消费者能否通过冷冰冰的电子屏幕完全理解品牌。

中国奢侈品电商平台曾火爆一时，但经常会被这些大品牌的声明搞得焦头烂额。爱马仕干脆声明，线上电商平台上销售的爱马仕，80%都是假货。雷军投资的奢侈品电商尚品网，就是因为博柏利（Burberry）的一纸声明，从此一蹶不振。

看起来，这些顶级高端品牌与电商平台天生有仇。其实它们只是讨厌一切假货泛滥、频繁打折、清仓甩卖，以及扰乱其价格体系、降低其品牌定位、削弱其梦想价值的机制而已。

将电商渠道牢牢地控制在自己手中，才能让品牌一如既往地保持价值稀缺性。例如，LVMH 的线上销售仅限于品牌官网、Le Bon Marché 线上商城，以及多品牌电商网站 24 Sèvres 等渠道。瑞士奢侈品集团历峰同样如此，为了保证稀缺性，重金收购 YNAP，还 100% 控股了全球最大的奢侈品电商平台 Net-a-Porter。

近两年来，顶级高端品牌对电商平台的态度有所改变，这归功于平台的角色变化。一方面，伴随着高端消费的年轻化，越来越多的消费者开始将消费场景转移到线上，疫情之后，这一趋势更加明显；另一方面，随着大数据与推荐算法的不断成熟，电商平台不再是一个单纯的线上卖货渠道，而是扮演着技术赋能的新角色。

为了吸引高端品牌的加入，电商平台也开始转变，一再强调自己能提供的不仅仅是线上流量提供的购买力，还包括促进增长、创造体验的全套营销解决方案与技术能力。

譬如，阿里自主研发的全域营销系统，能帮助品牌精准获取目标消费者，精细管理消费者需求；京东推出的直升机送货、"白手套"配送、专属座席等VIP服务，能为品牌营造高品质的购物体验；字节跳动推出的火山引擎，则将其核心算法、技术中台与增长方法论完全开放，帮助品牌提升用户的全生命周期总价值。

近年来，许多高端品牌提高了电商的战略等级，将电商视为培育未来消费者的重要窗口。高端品牌通常会将入门级产品与周边商品放在电商平台上售卖，而核心的产品，仍旧只在线下的专卖店里销售。例如慕思的天猫、京东旗舰店，销量最大的仍然是价格偏低的产品，而价格昂贵的T10健康睡眠系统，则并没有放在电商平台上销售。

在互联网技术的驱动下，新零售被赋予更丰富的内涵，并朝着智慧化的方向演进，底层商业逻辑正在被重构。

早期的零售是"产品运营"的商业逻辑，其核心是以产品的创新来满足消费者多样化的需求。例如路易威登，涵盖了服装、皮具、珠宝、鞋履、腕表、礼品等多个品类，而且每年推出大量的新款产品。

随着技术的进一步发展，零售的核心演进成"场景运营"。线上线下的深入融合与全渠道发展，大大扩展了与消费者的接触点,但如何让分割的购物场景带给用户一致化的体验,将分散的用户数据沉淀成私域资产,成为品牌新的痛点。

当前,零售业进入"用户运营"的新阶段。用户需求的个性化与零售场景的碎片化,迫使零售企业从"千店一面"向"千店千面"转型。对用户进行清晰画像,并通过数字化系统最大限度地挖掘用户全生命周期的价值,成为零售企业的首要任务。

对品牌管理者来说,完成这样的转变并不容易,需要借助技术的力量。一方面,品牌需要在海量的公域流量里,精准锁定目标消费者,实现"千人千面"的个性化营销;另一方面,品牌需要将零散、碎片的用户信息,沉淀为私域的用户资产,以更精细化的用户运营体系,提升用户黏性,创造全生命周期价值。此外,品牌方还必须确保,线上线下的多场景能给消费者带来一致化的体验,充分展示品牌文化与品牌理念。

过去,大多数品牌的技术主导权集中在 IT 部门与管理部门等后端部门。后端关注数据处理与分析,前端更关心决策与结果,前后端的职能错配与协作不畅,导致很多品牌对用户洞察不够深入,用户经营不成体系。当技术转型进入深水区,品牌管理者需要围绕"用户运营",在战略、业务、洞察、运营、技术上进行重构。

第三节　激发精神共振

艺术吸引

高端品牌的内涵非常丰富，建立品牌声誉的过程相当漫长，短则几年，长则数十年。要征服全球最挑剔的消费者，必须在艺术水平上超越他们。

根据学者的研究，几乎所有全球顶级高端品牌都在努力将其产品上升到艺术品的范畴，因为艺术是无价的，在高端产品中置入越多艺术品的内涵，越容易让消费者觉得物超所值。

中国已拥有了傲视全球的先进制造技术，但高端品牌却少之又少，其中一个重要原因在于，大多数品牌只关注产品本身，在艺术上着墨甚少。中国本土的手表品牌，虽然在品质上与瑞士高端品牌相差无几，但艺术性不够，无法与瑞士高端手表品牌相抗衡。

在艺术上毫无美感的产品，很难让人体验到那种令人窒息的兴奋。就像没有经过伟大工匠雕琢加工的玉石，没有名师大家精心打造的红木，它们再昂贵，也算不上是艺术品。

全球最挑剔的消费者往往是各自领域的佼佼者，在艺术鉴赏方面远超常人，有些甚至就在从事艺术工作。因此，品牌的创造者，必须比他们艺高一筹，引领他们在艺术世界里奔跑。

在全球瞩目的奥斯卡金像奖时尚之夜，乔治·阿玛尼因为帮助众多好莱坞明星设计"奥斯卡红毯礼服"而声震全球。如果乔治·阿玛尼不能在时尚品位方面超越这些明星，怎么能说服他们在如此重要的场合穿他的衣服呢？

艺术自信是高端品牌的基础功课。因此，高端品牌必须给人这样的感受：听我的，准没错。

布岭矿泉水（Bling H_2O），这个由好莱坞编剧兼制片人凯文·G. 博伊德（Kevin G.Boyd）推出的高端矿泉水品牌，以手工镶嵌施华洛世奇水晶的瓶子而著名，一瓶售价高达1000元。

几乎所有高端品牌，都渴望成为无可挑剔的艺术品，而艺术也赋予这些品牌迷人的高端调性。

百达翡丽的一块怀表拍出了1100万美元的高价，价格堪比一幅伦勃朗的画作。澳大利亚设计师马克·纽森（Marc Newson）设计的一把洛克希德躺椅，拍出高达243.45万英镑的天价。这样级别的表，很可能永远也不会有人戴出去；这样的躺椅，可能不会再有人躺上去。它的艺术价值与收藏价值，远远超出了它的使用价值。这些产品经过时间的淬炼，已成为真正的艺术品。

当今的世界，我们被无用的商品所包围，拥有的很多，使用的很少。在商品过剩的世界里，商品的使用价值不再是重点，它能否触动你的内心,才是最重要的。

1917年,荷兰"风格派"运动的代表艺术家格里特·托马斯·里特维尔德(Gerrit Thomas Rietveld)制作了大名鼎鼎的红蓝椅。1930年,同属荷兰"风格派"运动成员的艺术家皮特·科内利斯·蒙德里安(Piet Cornelies Mondrian)耗时多年创作了《红、黄、蓝的构成》画作。

前者是一把真正的椅子,具有很强的实用性;后者是一个构图画作,毫无实用性可言。然而,后者在2014年拍出了3亿元的天价。让《红、黄、蓝的构成》画作成为稀世之宝的,不是因为其实用性,而是在于其无用性。

艺术从来都不是理性的,一个收藏家从来不考虑一幅名画到底有什么功能。艺术,标志着一个人的文化能力。这种能力,能让人忘记它的功能属性,甚至忘记价格。艺术能创造一个梦幻的世界,但功能属性无法做到。功能只有与艺术完美搭配,才能创造不凡的品牌。

我们经常将设计与艺术画上等号,其实两者的内涵有着本质的差异:设计是以实用性为出发点的,而艺术是以无用性作为出发点的。出发点的不同,决定了其价值的不同。

在工业化时代,设计更多的是为工业化量产而服务,一旦它走入寻常百姓家,它的艺术价值就大打折扣。哪怕全球顶尖的艺术家,如果他的作品被工业化量产,那么这个作品再也不可能被拍出天价了。就像那把著名的红蓝椅一样,假设这把椅子被工业化生产，放在宜家各个国家的门店里售卖，那么对消费者而言，这把椅子只有设计价值，而没有艺术价值。

体现美学艺术的另一个重要部分是包装，几乎所有高端品牌，将包装视为产品的一部分。

高端鲜花品牌 ROSEONLY 的魅力，除了其是来自万里挑一的厄瓜多尔鲜花玫瑰之外，华美精致的包装起到了至关重要的作用。爱人收到鲜花的那一刻，首先被产品的包装征服。拆包装的过程，其实就是体验的过程。这个包装被拆之后，可能很快就会被扔掉，但它留存在人们脑海里的美好回忆却是永恒的。

轩尼诗曾推出一款售价高达 20 万美元的限量版干邑白兰地，它的包装极其奢华，酒盒上的玻璃珠全部都是由威尼斯大教堂御用的工匠精心制作。一瓶售价上千元的菲丽高（FILLICO）矿泉水，以手工镶嵌施华洛世奇水晶的瓶子而著名。它更像一件艺术品，而不像一瓶矿泉水，这是有人愿意掏出几千元去买它的原因。

艺术带给人们独特的感官体验，是无法被替代的。人们会为绝妙的创意、华美的设计、精致的包装而心甘情愿地支付高价。当平庸的设计、粗劣的包装摆在他们面前，他们就会将焦点放在产品的实用性上。理性战胜感性的他们，会以产品的实用性而非艺术性来评估产品，反复权衡它到底值不值。这是所有高端品牌的管理者，最不想看到的结果。

艺术之美的感知，还体现在细节中。丹麦高端电视品牌B&O在开机时屏幕如同剧院的帷幕一样轻轻地拉开，声音逐渐加大；关机时帷幕慢慢收回，声音逐渐变小直至消失。这样独特别致的开关机特效，再加上无与伦比的视听效果，让人仿佛置身于大剧院欣赏歌剧一般。

许多高端品牌，甚至将艺术当作营销的核心主题，无论是产品设计、门店装修、产品发布会，还是主题活动，艺术都处在当之无愧的"C位"。近年来，国内高端品牌也积极与艺术联姻。例如慕思寝具就经常举办各种音乐会、时装秀与艺术之旅，不断为品牌注入艺术价值。

梦想激荡人心，艺术提升品位，梦想和艺术最终对消费产生推动作用。艺术如此重要，以至于许多全球顶级高端品牌在宣传时，会把天才的设计师放在显著的位置，仿佛梦幻世界的真正主宰者是他们，而不是CEO。

在时尚奢侈品行业，设计师有着至高无上的权力，他们的审美取向决定着品牌的未来。贝尔纳·阿尔诺曾说过这样一句话："给我们的艺术家和设计师彻底的自由，让他们的创作不受限，这才是我们全部生意的基础。如果你在创意人员背后监视他，他就无法产生伟大的作品。"

当看到迪奥设计师约翰·加利亚诺用报纸做的裙子时，贝尔纳·阿尔诺的第一反应是震惊。他认为："如果新产品没让你感到震惊，那它就没有创意。这种产品没有价值。"

在香奈儿，服装设计师、老佛爷卡尔·拉格斐（Karl Lagerfeld）具有至高无上的地位。1983年，他曾在外界普遍不看好的情况下使香奈儿品牌成功复活。如今，香奈儿成为世界上最赚钱的高端时装品牌之一。

建筑设计师彼得·马里诺（Peter Marino）掌握着全球高端品牌的空间话语权，全球最著名的高端品牌都追着他跑，让他设计品牌旗舰店。他曾为路易威登、香奈儿、迪奥、芬迪、华伦天奴、巴尼斯纽约等顶级的品牌设计旗舰店。在所在的城市，这些门店宛若艺术宫殿，让人惊艳。

全球成功的高端品牌，不惜代价将知名的艺术家、设计师纳入麾下，给予他们足够的舞台，让他们能肆意挥洒自己的才华。在某些方面，他们的权力甚至大过CEO。这是一种颠覆传统的管理结构。

在传统的企业管理结构中，设计师是最底层的工种之一，通常隶属于市场部或企划部，任何高于他们职位的人，都能对他们指手画脚。这样的公司，怎么能创造出如同艺术品的高端产品？

从现在开始，就要打破这种老的格局！在各种"首席××官"满天飞的年代，请为你的品牌设置一个首席艺术官。就像苹果公司的首席设计师乔纳森·伊夫（Jony Ive）一样，乔布斯视他为"在苹果的精神伙伴"，在他的主导设计下，苹果创造了一系列的伟大产品。

高端品牌是"造星工厂",既能成就产品,又能成就个人。在这个工业化的社会,不缺好的匠人,但缺少好的艺术家。那些立志打造高端品牌的 CEO 们,你们的乔纳森在哪儿呢?找到这个人吧。

文化共鸣

大卫·奥格威说过,最终决定品牌地位的,是品牌文化上的个性,而不是产品之间微乎其微的差异。在他看来,产品在本质上没有差异,关键的差异在于品牌文化。

我们处在一个商品丰盈的年代,产品之间的功能差异已不大,而决定品牌核心竞争力的是文化。品牌的文化内涵越深厚,其个性和形象就越明显,其生命力就越长久。

欧洲某调查机构曾做过一个实验,分别在两个瓶子里倒上相同的葡萄酒让人们品尝,其中一个瓶子没有 logo,另外一个瓶子是某知名品牌的葡萄酒瓶。实验结果发现,人们普遍反馈,装在某知名品牌瓶子里的葡萄酒更好喝。这个实验说明,人们对产品品质的感知,与品牌息息相关。品牌所蕴含的内在文化与个性,影响了人们对产品的判断。

在葡萄酒行业,判断品质的重要标准,不是口感,不是包装,不是价格,而是风土。风土指某个地方特有的自然与人文环境。《晏子使楚》中有一句话:"橘生淮南则为橘,生于淮北则为枳，叶徒相似，其实味不同，所以然者何？水土异也。"葡萄酒也一样，不同的产区代表了不同的品质，例如价格昂贵的葡萄酒品牌罗曼尼康帝，就产自法国的勃艮第产区。

勃艮第葡萄园风土世界文化遗产联合会名誉主席奥贝尔·德·维兰（Aubert de Villaine）曾这样表达"风土"的重要性："佳酿和普通酒的区别，在于它是否能表达风土，即有没有灵魂。风土是一切伟大葡萄酒的基础，只有风土葡萄酒才有灵魂。"

他认为，如果风土的灵魂融入葡萄酒，那么它就会是一款伟大的酒。他所定义的"伟大"并不是指酒的名气，"只要它能够准确地表达它的风土，那么它就有可能成为一款伟大的酒，哪怕它来自小产区"。

法国有着无数的酒庄和产地，但为什么勃艮第产区的葡萄酒就能代表最高品质呢？在葆蝶家（BOTTEGA VENETA）前中国区总裁高峰看来，法国强调勃艮第产区的做法，值得所有高端品牌借鉴：

一是制定规则。有别于其他产区多品种混酿的做法，勃艮第产区严格限制酿酒的葡萄品种。例如，红葡萄酒只能用黑皮诺酿造，而白葡萄酒只能用霞多丽酿造。严格的规定，确保了勃艮第葡萄酒血统的纯正。

二是划分等级。勃艮第根据产地的属性将葡萄园分为四级的做法沿袭了千年，明晰而稳定的分级制度使勃艮第葡萄酒自身的差异性和附加值让市场能一目了然。

三是保持定力。勃艮第人保持着传统的酿酒工艺，他们信仰自己的土地，相信在自己的土地上酿出来的葡萄酒是极好的，不会轻易去迎合批评家的口味。

正是这样基于风土的坚持，每一瓶来自勃艮第产区的葡萄酒，不仅代表了该地区最适宜葡萄生长的地理环境，而且代表了该地区的传统酿酒文化，以及酿酒师的价值观。品鉴一款葡萄酒，实际上是品鉴其背后的风土特质，这才是葡萄酒的灵魂所在。

有专业人士指出，一个成功的高端品牌，势必能让人感受到它背后所代表的风土，而这正是品牌的基因。每一个高端品牌的成长，都需要从风土和文化中获得灵感和能量。

当地独一无二的风土文化，是塑造品牌文化取之不尽的源泉。法国巴黎这个浪漫之都的文化底蕴，为路易威登、香奈儿、爱马仕注入了更多的人文色彩；阿尔卑斯山终年不化的千年冰山，为依云矿泉水平添了更多的信赖感，同样，一望无垠、绿草青青的天然牧场是高端牛奶的品牌文化源泉，特仑苏、安慕希就是通过天然牧场的概念塑造高端品牌的感知。

某位品牌策略家指出，品牌信息的主要焦点应该集中在与众不同之处，而非强调品牌有多便宜。品牌最大的与众不同之处之一，是它背后的风土。正所谓，一方水土养一方人。当地的风土，为品牌注入了生生不息的力量，带来了无穷无尽的魅力。

我们不难发现，打造一个高端品牌，要不断汲取当地风土中自然和人文的养分，将这些融入品牌基因，并逐渐形成独特的品牌文化。这样，品牌才能在不同的时代背景下保持长久旺盛的生命力。

精神引领

在中国的高端品牌中，褚橙是一个特别的存在。一颗小小的冰糖橙，居然吃出了"励志"的味道。

著名企业家褚时健75岁高龄二次创业时承包了2400亩荒地种橙子，10年辛苦劳作，在85岁高龄之际，终于将"褚橙"推向市场，种出了中国最有故事的橙子。褚橙有一句著名的广告语"人生总有起落，精神终可传承"。很多人因为褚时健的创业故事而萌生购买欲望，就像企业家王石所感慨的一样："读了褚时健的故事，就想吃一吃褚橙！"

这种向上的精神力量，让褚橙充满了耀眼的光芒。"励志橙"的故事，激励着无数年轻人不断奋进。褚橙所处的哀牢山，带给了褚橙最好的品质。但最让人心怀向往的，却是褚时健"老骥伏枥、志在千里"的奋斗精神。

文化总有来处，精神终可传承。品牌如人，如果说品牌文化相当于一个人的文化底蕴，那么品牌精神则类似于一个人的精、气、神。很难想象，一个缺乏精、气、神的品牌，怎么能引领高端消费者走向梦想的世界。

品牌塑造贵在精神。品牌精神是品牌文化的核心表现形式，释放了包括个性、品位、情感、象征、意义、信念等全部内涵。

我们发现，无论身处哪个行业，不管什么产品类别，洞悉品牌的秘密，通常能从品牌创建者身上中找到答案。他们是品牌精神的源头。

劳斯莱斯是全球顶级的汽车品牌，一百多年来，劳斯莱斯都是汽车专业精神的象征。劳斯莱斯是由两位创始人姓氏命名的，它的品牌精神，可以从两位创始人身上找到答案。

劳斯是一个贵族后代，却因热爱发动机修理技术被称为"脏劳斯"和"汽油劳斯"。1903 年，他以 133.6 千米 / 小时的车速打破当时的世界纪录。后来，他和朋友创办了一家汽车销售公司。莱斯出生贫苦人家，从小卖过报纸，送过电报。他对伟大的渴求与生俱来，他利用晚上时间学习代数、法语和电气工程。1904 年 4 月，他制造了一辆 10 马力的莱斯汽车，并开上了街道。

一次偶然机会，两人相遇。劳斯心情非常激动，逢人就说"我发现了世界上最伟大的工程师"。1906 年，两人以自己的姓氏成立了劳斯莱斯汽车公司。这一年，劳斯亲自驾驶公司的车参赛，打破了从蒙特卡洛到伦敦的行驶时间纪录。从此，劳斯莱斯声名大振。好的赛车手与好的工程师联手，成就了世界汽车史上不可超越的传奇。

时间也是品牌资产的一部分。创始人的故事被赋予了生命,经历岁月沉淀却依然动人,这些故事成为陪伴品牌成长的重要精神力量。追溯褚橙与劳斯莱斯的品牌精神,其实从品牌创立的第一天起,我们就知道了答案。

一个成功的品牌不仅要得到用户的认可,更要塑造一种精神信念,使之长久地凝聚在品牌的周围,最终形成用户的归属感与依赖感。

1919年圣诞前夕,可可·香奈儿的一生挚爱鲍伊·卡柏遭遇车祸身亡,这成为她心中永远不能愈合的伤痕。她用黑色来哀悼她的爱人,把百叶窗漆成了黑色,把卧室整个装饰成了黑色。

在那个年代的法国,黑色被人定义为葬礼专用颜色。然而,她说:"我是如此热爱黑色,它的力量穿越时空,横扫万物。"1926年,为了纪念去世的爱人,她排除众议,破天荒地设计了一款小黑裙,她希望所有女人为心爱的鲍伊·卡柏穿上黑裙。从此之后,香奈儿的小黑裙风靡至今,成为永恒的经典。

可可·香奈儿的这段凄美爱情故事,历经百年,依然触动无数女性柔软的内心。这就是爱情的力量。

品牌的精神,如同人类的灵魂,它是如此重要。我们看到,大多数高端品牌守护自己具有象征意义的符号、图案和颜色,捍卫这些有象征意义的元素就像捍卫自己的灵魂。

1896年，路易威登家族第二代传人乔治·威登，将LV标志与花朵、字母一起组合出无比复杂的图案。他规定所有用此图案的路易威登商品，不管是配饰、手袋，还是行李箱，LV的标志一定居中，如果实在不能居中，则必须以左右对称的形式存在。哪怕有一点偏差，也会受到最严厉的惩罚。这个惩罚不仅仅局限于内部，还包括所有的合作伙伴。

有一次，一本杂志将路易威登的商品当封面，粗心的编辑将LV的图案放大1.18倍后，标志的位置偏左了一点点。后来，路易威登的高管勃然大怒，这期刊物最终被停止发行。

路易威登的种种做法看似给自己设限，增加了成本，但实际上，它这是为了捍卫品牌精神。虽然路易威登家族早已不再掌权，但它从一百多年来前流传下来的精神力量，仍然发挥着巨大的影响力。在消费者心目中，这个图案代表了纯正的血统，代表了终极的信仰。

很多高端品牌都有自己的标志性颜色，例如爱马仕橙、香奈儿黑、蒂芙尼蓝、法拉利红。颜色如同品牌logo一般，成为品牌精神的重要载体。

爱马仕橙，鲜艳亮丽，是一般人很难驾驭的颜色，然而，无数的时尚人士依然为爱马仕橙而疯狂，他们将它视为最高贵、最时尚的颜色。其实，爱马仕橙跟好看与否、时尚与否，并无直接的关系。人们疯狂追捧它，是因为它代表了一种精神力量。

二战期间，物资匮乏，人们陷入绝望之中。当时，许多制作工坊被迫暂停营业，爱马仕也面临相同的困境。由于物资短缺，当时能采购到的纸质材料只有橙色一种，无奈之下，爱马仕采用了橙色纸盒进行包装。没有想到的是，在二战的阴霾之下，鲜艳温暖的橙色为绝望的人们带来了精神上的安慰和鼓舞。

战争结束后，虽然有了更多颜色可供选择，但爱马仕依然选择将橙色作为品牌专色，因为它寓意着给困境中的人们带来希望。时至今日，爱马仕橙已成为其品牌基因中重要的一部分。

爱马仕的橙色，代表了困境中的希望；香奈儿的黑色，代表了爱情的力量；蒂芙尼的蓝色，代表了幸福与美满；法拉利的红色，代表了激情与梦想。这些颜色无关时尚，意义大于一切。

颜色赋予品牌力量，品牌为颜色注入内涵。随着品牌的不断发展，那些原本就广泛存在于世间的平常颜色，却成为品牌精神的最佳诠释。这就是品牌精神的力量。

品牌精神，既源于创始人的思想，也源于人文的关怀。当然，最重要的是，要将品牌内在的向上精神，变成让世界更美好的外在力量。只有成为一个社会性的品牌，才能从卓越走向伟大。

第四节　把握关系尺度

距离之美

品牌学者达伦·达尔（Darren Dahl）、摩根·K.沃德（Morgan K. Ward）曾发表过一篇《是不是该让魔头来卖普拉达？》的论文，他们对三家高端品牌以及三家大众品牌的门店进行实验，让店员们对超过350名女性做出冷脸反应。

实验结果出乎意料：对于高端品牌，店员越是暗示顾客不配买这么高贵的东西，顾客越是要证明自己是值得拥有的；对于大众品牌，顾客对店员冷脸的反应则是掉头就走。

当然，这种冷眼服务会让顾客对品牌产生负面观感，对品牌的长期发展并无益处。不过这个调研结果揭示了一个有趣的现象：满足自尊心与虚荣心，是驱动他们消费高端品牌的重要动因。

刚入职场的白领，攒钱几个月，才凑够了购买某款高端包包的钱。在专卖店门口排队数十分钟，终于可以进店购买了。最后，店员告诉她："对不起，这是一款限量版的包包产品，需要半年后才能交付到您手上。"耐心等待半年后，她终于拿到了心爱的包包。掐指一算,一年时间就过去了。

高端品牌具有一个大众品牌所没有的价值:时间价值。它凝结了消费者思考、观望、选择、等待、期盼的时间,付出了相当的心血与精力,因此它最终的价值,通常要比它的价格要高。

许多二手限量版高端产品的价格比新产品要贵,就是因为它独特的时间价值。你不愿意等待、要买现成的,自然就要付出高价。

高端品牌的惯常做法是,当人们的欲望将要跳出胸膛的时候,它会告诉顾客:不好意思,请您等待。必须让顾客等待,这是打造高端品牌的一条重要法则,因为所有难以得到的珍品都值得等待。

想要购买爱马仕的凯莉包,需要提前一年预订才能拿到;想要买到 90 万美元的百达翡丽星月陀飞轮天文手表,需要经历长达四年的等待。如果劳斯莱斯、法拉利触手可及、随便就能买到,那么它们的高端品牌魅力就会大打折扣。

时间因素是打造高端品牌的至关重要的一环,所以,对一切触手可及的渠道都要格外地警惕,例如超市、电商等。几乎所有高端品牌,都与电商保持着若即若离的关系,因为它的本质就是扫除购买的障碍、实现快速消费。

人们对大众商品的消费决策是即时性的,人们需要用到,就希望马上得到。大众品牌的管理者是想千方、设百计地让消费者不费吹灰之力就能买到。

无论在超市、杂货铺等线下商店，还是在天猫、京东等电商平台，都会出现大众商品的身影。销售渠道与终端越多，就越方便人们的购买。如果高端品牌也采用这样的策略，就会丧失它的吸引力，导致附加值显著下降。

限制分销网点的数量，有助于提升消费者的购物体验。因此，许多高端品牌只在专卖店内销售自己的核心产品，只有在专卖店里，品牌文化、品牌形象能得到最好的展示和传达。

难以得到，并不代表得不到。饥饿能激起人们的欲望，短缺会浇灭人们的欲望，两者之间有着本质的区别。品牌管理者要把握好设置障碍的尺度。最好的尺度是顾客跳着就能够到，不能太高，也不能太低。障碍太高，会浇灭人们购买的热情，将顾客拒之门外；障碍太低或没有障碍，就会降低人们的期待值，品牌的社会功能（如阶层感、炫耀性）就会打折扣。

在克服重重困难后所享受到的乐趣，与随手买到的乐趣，大不一样。这些困难包括很多，例如价格障碍、限量供应障碍、等待时间障碍、苛刻购买条件障碍、使用复杂性以及各种不确定性因素等。

许多消费者将高端品牌视为身份的象征，它代表了某种社会地位，因此高端品牌需要具备专属性。高昂的价格是实现专属性的一个重要方式，但仅靠价格障碍是不够，还需要通过其他方式，来让顾客感受到专属性与尊贵性。

一些高端品牌的门店，专门设定了 VIP 接待室，一层接待普通顾客，二层只为 VIP 顾客服务。这是一种隐晦地给顾客设置障碍的方式。航空公司也常常采用这种方式，头等舱的乘客与普通舱的乘客是很难见面的。从出发直到下机，头等舱的乘客都有专属通道。航空公司采取一切措施，避免两类乘客见面。

有学者认为，消费者的购物过程是一个"获得战利品"的过程，在享乐型产品（高端产品）、功能型产品（大众商品）都很难获得的条件下，消费者更倾向于选择享乐型的产品，而不会选择功能型的产品。可见，增加获取的难度，注入不确定因素，能促进高端产品的销售。

极具创意的巴黎珠宝大师 JAR 公开声称："有一天你可能因此变得与众不同，也许不会。"这种不确定性，让购物过程中有一番探索的乐趣与惊喜。

一些高端品牌，选择了在城市繁华的街区开设旗舰店，例如东京银座、纽约第五大道、洛杉矶比弗利山庄等。他们聘请全球顶级的建筑师打造极尽奢华的门店，以匹配高端的品牌形象。普拉达曾花费 8000 多万美元在东京建旗舰店，该店成为当年意大利在日本最大的投资项目之一。

这些建筑无不恢宏、华丽、精致，艺术感十足，有的甚至成为当地城市的地标性建筑与网红打卡点，来自全球的游客在门店前拍照留念。街道上游人如织，如果开放营业，这些门店会被挤爆，将会严重影响顾客体验。

几乎所有的高端品牌门店，都采取了排队等候的方式来控制顾客的入场。另一些高端品牌为了保证私密性，干脆"大隐隐于市"。例如 JAR 位于巴黎旺多姆广场的门店，是一家低调到几乎隐形的小店，没有招牌，没有橱窗，不做广告，甚至没有固定营业时间，但这丝毫不影响其生意。JAR 珠宝世间稀有、重金难求，传奇影星伊丽莎白·泰勒（Elizabeth Taylor）、超模艾拉·麦克弗森（Elle Macpherson）、著名主持人芭芭拉·沃尔特斯（Barbara Walters）和雅诗兰黛家族的儿媳杰·卡罗·劳德（Jo Carole Lauder）等都是它的客户。

毕扬（Bijan）于罗迪欧大道开设的精品店，只有会员才能进入，没有预约、未被邀请的人，拒绝入内。它是世界上单次消费最高的门店，平均每位顾客的消费金额超过了 10 万美元，商店里价格最低的是 100 美元的袜子。毕扬曾被誉为"全世界最昂贵的商店之一"。

由于毕扬的顾客都是全球顶级人物，如美国前总统奥巴马、英国前首相布莱尔、俄罗斯总统普京，电影明星汤姆·克鲁斯、施瓦辛格等，因此毕扬必须确保绝对私密、绝对安全的购物空间。这样的专属空间，能让顾客充分享受专业人士无微不至的个性化服务。

刻意控制人数的做法看起来是将顾客拒之门外，但如此一来能确保每一个进入的顾客都能获得优质的服务和体验，否则就会出现抢购超市大减价商品的拥挤场面。这种做法令光顾的人觉得受到足够的尊重，同时排队现象更进一步加重了人们的期待和自豪感。

此外，排队可以帮助路易威登将非目标客户排除在外，耐心等待的人才是真正的消费者。另外，我们必须承认的是，排队的现象会激发路人的好奇心，引发围观效应，有时也会吸引媒体的关注与报道。从这个角度看，排队不失为一种免费但效果极佳的宣传方式。

设立门槛，除了激发人们原始的占有欲之外，同时是对顾客进行一次系统性识别。到底哪些是旁观者，哪些是顾客，哪些是超级用户？通过这个简单的方式，就能轻易辨识。

贵有所值

奢侈品品牌通常用高不可攀的价格，来彰显品牌的高端和产品的高质量。

没有最贵，只有更贵。不少高端品牌，在定价上一味地标榜"贵"，以为越贵就越能激发人们的占有欲。这样的定价令人望而生畏。

对高端消费者来说，价格贵不是问题，问题是要贵有所值。路易威登是如何让人们心甘情愿地掏腰包、并觉得贵有所值的呢？

它有两个撒手锏。

一是相对固定的定价方式，在所有商品成本上，加上一个固定比率的利润，稍加调整后确定为最终的价格。这样一来，路易威登的价格相对透明化了，在消费者心目中留下了"果然贵有贵的道理""即使盲买也不会买错"的印象。

说起来，这一定价方式与路易威登的传统有关。公司创始人路易·威登在最初为王公贵族定制行李箱时，实行的是一种按单生产的模式。这决定它的定价有一个固定的参考系数。例如，将所有成本加总，再乘以一定比率之后，就是最终定价。这种固定加成的定价方式，一直延续至今。

价格是消费者感知商品价值的最直观方式，是产品品质、服务品质，以及顾客满意的综合体现。相对于需求导向的定价方式与竞争导向的定价方式，路易威登的成本导向定价模式虽然看似有些老套、守旧，似乎没有关注客户导向和市场供需变化，却给消费者带来了信任感和安全感。毕竟，再有钱的顾客也不愿意成为冤大头、成为被忽悠的对象，何况，高端顾客们往往那么敏感。

二是永远不打折的价格策略。不降价、不打折、不参与商场的促销活动，即便在免税店办理退税手续，也与其他品牌分开处理。在其他品牌打折的时候，路易威登以坚挺的价格确保了价值的稀缺性，进一步提升了它的梦想价值。

路易威登的价格策略，彰显了对所有消费者的一视同仁，打消了消费者"一买就后悔"的顾虑。非但如此，路易威登还每隔一段时间涨价,这迎合了人们"早买早划算""早买早占便宜"的心态,在消费者心目中树立了产品"保值升值"的良好印象。

一旦定出价格规则,它就很少去调整。比如,在日本市场,路易威登坚持着日本售价是法国售价的 1.4 倍原则。一旦因汇率波动而调整最终售价,路易威登都要事先向消费者公告。这实际上是在告知消费者,路易威登并不是因为想获取更多的利润来涨价。同时,因为涨价消息会提前告知,消费者提前购买,反而觉得"占了便宜"。这不仅没有降低消费者的期待,反而促进了销售。

定价策略甚至影响经营模式的选择。

20 世纪 70 年代,路易威登曾在日本采取代理制的模式。结果,日本当地的价格是法国价格的 2.2 倍到 2.5 倍,很多日本顾客到法国排长队抢购,然后回国高价售卖赚差价。不得已之下,路易威登对日本顾客进行了销售限制。

扭曲的价格体系,让路易威登易意识到代理制的危害。1978 年,路易威登决定消除代理商环节、取消中间商,成立日本分公司。这家海外分公司仅承担品牌管理职责,价格由总部统一管理。经过一番努力,路易威登在日本的价格定为巴黎价格的 1.4 倍,与此前的价格相比下降了将近一半。此后,日本售价因为汇率变动的关系,调价数十次,但都是严格执行 1.4 倍的固定比率,从未改变。

有业内人士透露,奢侈品的最终零售价是成本价的30倍以上,例如一款真皮包的制造成本是200元,那么加上奢侈品品牌logo之后,其终端零售价为6000元。也有人说,国内奢侈品的零售价是拿货成本的4.2倍。这4.2倍的定价,包括国外企业将货发至香港或者港口仓库的物流费用,以及关税、市场推广、人力资源、公关费用等一系列费用。其中代理商的毛利通常在60%左右。

产品的定价是一个复杂的、动态的过程,上述规则给出的只是一个参考值。当然,也有不少例外,例如售价高达千万的宝珀限量版腕表,就不在上述规则之列。

高端品牌的定价规则与大众品牌不一样。大众品牌的定价原则,通常是基于消费者的"占便宜"心态而制定的,例如,如果一瓶矿泉水抢夺的是2元价格区间的市场,那么它的所有营销策略都必须考虑价格因素。如何在有限的价格空间里,让消费者占到便宜,是这瓶矿泉水要考虑的关键。

高端品牌的定价原则,大多是基于消费者的"炫耀"心理而制定的。由于高端品牌都是独一无二的,其价格弹性空间更大,定价更灵活。

大部分海外高端品牌进入中国时,都习惯采取"撇脂定价法"。所谓"撇脂定价法"又称高价法,即一个产品进入一个不那么成熟的市场时,把产品的价格定得较高,以取得相当高的利润。

一个常规的定价方法是设定一个相对高价，然后再逐渐降低价格来增加销量，抢占更广泛的市场。为了不影响品牌的梦想价值，你必须要为降价给出合理的解释。例如，特斯拉 Model 3 持续不断降价是因为电池技术不断在进步，慕思健康睡眠系统降价是因为智能制造技术的提升。

另一个有效的定价方法是设立价格门槛，逐步往上涨，对产品不断升级，找到销量与利润的最佳平衡点。这其实是探寻梦想价值的过程，因为逐步涨价的方式能让梦想价值越来越清晰明了，同时也让品牌更具投资属性。玉兰油在刚进入中国市场时就定位为大众产品，价格定得也低，可是卖得并不好，后来逐步提高价格，销量反而一路走好。

两种定价方式都有成功的案例。尽管价格是一个可调整的变量，但前提是必须找到自己的价格区间和价格门槛。同时，在调整价格时，要根据销售量、用户数、利润值等多个指标进行严格测算。

大众品牌一般会给出一个相对较低的价格来吸引顾客，但其主力商品价格往往高于那个价格。而高端品牌的定价通常会给出一个相对较高的价格来塑造梦想价值，但其主销产品价格通常低于该价格。

完全相反的价格策略，源自完全不同的品牌调性。大众品牌追求的是流量与销量，而高端品牌追求的是梦想。

价值溢出

2019年，全球经济低迷，全球汽车厂商度过了非常难熬的一年。按常理来说，经济形势不景气，对劳斯莱斯这样的豪车品牌冲击最大，但出乎意料的是，劳斯莱斯2019年的销量比2018年增加了25%，创造了116年以来的最高销量纪录。难道是人们变得更有钱了吗？

显然不是。根据法国管理顾问公司凯捷（Capgemini）公布的《2019年世界财富报告》，全球高净值人士（HNWI）的财富出现巨幅下滑，缩水两万亿美元，而且越来越多的高净值人士选择"现金为王"。在经济不景气的大背景下，为什么这些高净值人群买起劳斯莱斯来毫不手软？

解答这个疑问，可以从这个故事中找到答案。美国心理学家罗伯特·B.西奥迪尼（Robert B. Cialdini）在《影响力》一书中讲述了一个真实的故事：

朋友家的珠宝店生意一直不好，物美价廉，却无人问津。旅游高峰期也是如此，商店里挤满了人，珠宝却总是卖不出去，朋友想了很多招也不管用。迫不得已，朋友只好亏本甩卖。一天外出进货之前，他给营业员写了一张纸条："本柜所有物品，价格乘以1/2。"字迹太潦草，营业员看错了，以为是价格乘以2。营业员只好硬着头皮将珠宝涨价一倍，谁知道顾客蜂拥而至，把柜台里的珠宝买空了。

在日常生活中，经常出现"越高端越好卖"的现象，例如廉价的茶叶无人问津，高档茶叶却一货难求；低端白酒销量不佳，茅台飞天却要排队预购。

如果单纯地用工业品的营销逻辑考量，也许得不到一个正确的答案。无论是劳斯莱斯、茅台酒，还是高端的珠宝、茶叶品牌，早已不是普通的商品，它们已变成了具有投资价值的艺术品。

商品越贵越好卖，背后有着复杂的心理因素，例如炫耀性心理、社交驱动力等，但归根结底，在于它的投资属性。正是因为它的投资价值，人们才会不理会经济景气与否，心甘情愿地购买。

投资价值，看起来对打造高端品牌并没有多大的助益，但如果放到一个更长的时间维度，你就会发现，投资属性是所有高端品牌的共性之一。

1955年，香奈儿发布第一款2.55包包的时候，售价是220美元（约合人民币1500元）；2013年售价约为人民币1.7万元；2019年5月售价达到了人民币3.8万元；2020年5月它的售价大幅上涨，接近人民币4.9万元。香奈儿不断地涨价，暗合了人们"越买越值钱"的投资心理。

茅台更是将这种投资价值发挥到了极致。1981年，一瓶茅台酒价格为7元；1999年价格涨到了200元；2005年价格涨至400元；从2005年到2010年，茅台每年价格上涨50元，最后涨至650元；2011年，茅台酒价格飞涨，最后成交价高达2000元。2012年到2015年由于"限价令"茅台酒的价格有所下跌，但经过几年时间的价格补涨，2020年茅台酒的价格再次回到2000元时代。

有分析人士指出，十多年来，茅台酒利润连续飞升的原因，主要还是茅台的提价策略。不断抬升的价格让茅台成为市场上的硬通货，具有了"社交货币"的属性。在价格不断上涨的过程中，茅台实现了从强到大的转变，变身为一家市值万亿级的超大型企业。

高端品牌营造的是一种尊贵的消费体验，涨价不仅是对这种体验的强化，而且赋予了产品相应的投资属性，增加了其梦想价值。

姚吉庆一直有鲜明的观点："对付价格战最有效的方法就是提价，绝对不是针锋相对的互相竞价！"其目的就是通过提价的方式，强化慕思品牌的梦想价值，从而超越竞争，脱离价格战的泥潭。

如果你去超市，首先映入眼帘的是各种各样的价格标牌与促销贴纸，上面用最大的字体和最显眼的颜色标注价格信息与促销信息，仿佛这些标牌和贴纸才是商品。

如果你去高端品牌的专营店，你需要用放大镜才能看到隐藏的价格标签，有些专卖店甚至不把价格标出来，你得反复地问店员，他们才愿意告知你价格。好像把价格标出来是一件特别不情愿做的事，即便你询问，也不会是一个特别愉快的对话。正如劳斯莱斯的创始人查理·劳斯所言："你能问到的价格也是你付不起的价格。"

高端品牌专营店的店员的核心任务，不是以最快的速度把产品卖出去，而是花很多时间向你详细介绍它的卓越品质、非凡工艺与悠久历史。顾客认识到产品的与众不同之处时，就会觉得物有所值。

在高端市场，为什么价格越高的商品反而越好卖？

19世纪，美国经济学家凡勃伦在其著作《有闲阶级论》中，旗帜鲜明地提出了一个观点：商品价格定得越高，越能受到消费者的青睐。他认为，人们之所以占有财物，其真正动机在于获得荣誉，实现歧视性对比。也就是说，人们用超高溢价购买贵重商品，其目的是炫耀。

炫耀性商品，能带给人们无与伦比的满足感，这种满足感来源于受人尊敬、让人羡慕的心理感受。几十万的奢侈品手表，不一定比几十块买的石英表走得准，但人们却愿意浪费金钱去买它，因为戴几十万的手表与戴几十块的手表的心理感受，是完全不一样的。

为什么在奢侈品行业，降价是最愚蠢的营销策略之一？因为对于这些消费者而言，降价，就是自降身价、降格以求，它破坏的是尊崇感与稀有性。降价促销可以在短期内快速回笼资金，但从长远来看，降价会给品牌带来很大的伤害。

人们购买高端产品，应该是一种经过深思熟虑的行为，而不是一时兴起的冲动导致，降价只能加速这种"脑热"行为，而不是真正的"追求梦想价值"的行为。

那些成功的高端品牌，墨守着一条"每年涨价5%"的不成文规则。2009年金融危机，2020年新冠肺炎疫情爆发，很多高端品牌为了渡过危机选择了降价与大规模特卖，但爱马仕、路易威登、香奈儿却反其道而行之，通过提价来保持品牌的尊崇感。

有人曾提出这样的假设：如果爱马仕降价销售，它的市值很有可能超过苹果，成为世界第一。但是如果降价，将对爱马仕的品牌价值造成根本性伤害，这样的世界第一对它而言，又有什么意义？

强大的投资属性，坚挺的二手价格，让这些顶级高端品牌成功穿越经济周期而魅力不减。近百年来，许多高端品牌在降价中迷失方向、消失在历史的长河里，而这些顶级高端品牌却以卓越的品质与坚挺的价格创造了辉煌。

让产品具有投资属性，一个重要的策略是严格控制销量、持续不断涨价。我们的忠告是：可以推出一些副品牌来抢占大众市场的份额，但在具有象征意义的产品上，决不能轻易降价，否则就会稀释品牌的核心价值。

门槛效应

高端商品通常有一个"门槛效应",价格在门槛之下,产品就销不出去;在门槛以上,产品销量反而能上去。

奔驰车销量最大的,不是十几万一台的 A 级车,而是四五十万一台的 C 级车。如果奔驰推出几万元的车,它的销量不一定好,因为很多人不会认为它是真的奔驰车。

在欧元诞生以前,法国的香槟酒行业有一个约定俗成的"潜规则":如果一瓶香槟酒售价低于 100 法郎,那么它就不是"真的"香槟,哪怕价格是 99.9 法郎。跌破 100 法郎这个门槛,那么香槟就只能当"汽酒"卖。

这样的"门槛效应"在很多行业都存在,与其说它是一个价格门槛,不如说它是一个心理门槛。在手机行业,1000 元是一个门槛。低于 1000 元的手机,无论品质有多好,功能有多强大,它都无法摆脱"低端机"的标签。1000 元,就是中国手机行业的心理门槛。

"门槛效应"会让价格区间失效。仍以手机为例,某品牌推出三款价格分别为 999 元、1599 元、1999 元的手机,哪怕后两款型号的手机价格超过了千元,但只要有一款手机跌破了千元,它就会沦为消费者定义的"千元机",被纳入低端手机之列。

高端品牌的"门槛效应"更加明显。宝马曾收购过名为 MINI 的汽车品牌,按车型算,MINI 归属微型轿车之列,但它的价格一直在 20 万元以上，属于典型的高端汽车品牌。如果 MINI 售价跌破 15 万元，那么这不仅降低它的档次，让品牌魅力黯淡无光，而且会让它陷入价格战的泥潭中无法自拔。

15 万元是 MINI 的门槛，只要在门槛以上，价格弹性空间非常大，MINI 车最贵的车型可以达到 43 万元。15 万元同时也是很多豪车品牌的基本门槛，例如奔驰、奥迪、宝马汽车，它们的低端车型几乎没有低于这个门槛的。

一般而言，如果某个高端品牌找到了自己的市场，那么它的价格弹性空间非常大。只要在价格区间内，不管价格是升还是降，都不会影响顾客的感知。

慕思早期的健康睡眠系统有型号售价接近百万元，而最近的 T10 健康睡眠系统通过工业 4.0 提升产能，售价已下探到 3 万元区间，但只要不跌破万元，它在消费者心目中仍是高端品牌。

一般情况下，高端品牌的销售收入增长，不是通过降价来驱动的，而是通过扩大购买者基数来实现的。价格的上涨，会将那些盲目随大流的人阻挡在外。从这个意义上说，涨价会增加品牌的梦想价值与投资价值，这反而会刺激更多人购买。

很多高端品牌会推出相对低价的入门级产品，来吸引更多的新客户加入其中，例如一些高端时装品牌推出美妆产品，高端寝具品牌推出枕头等，其目的不是让美妆产品、枕头来赚取利润、提升销量，而是为了引流。最终的目的，是让这些新客户成为品牌的拥趸。

涨价，是高端品牌的一个常规营销策略。一些人想当然地认为，涨价可以率性而为，毫无来由，事实上，高端品牌的消费者多是中产阶级，他们有着极强的辨别能力和甄别能力，有相当一部分是行家。如果品牌方将他们当韭菜割，最终会搬起石头砸自己的脚。

涨价是有策略的，那么在什么情况下可以涨价呢？

只有品牌方给出合理的理由，并得到消费者认可之后，消费者才会愿意支付相应的价格。例如当日元对欧元的汇率发生巨大变化时，路易威登甚至会在当地媒体上专门刊登新闻，来详细说明汇率的变化。

有一些品牌方为了让涨价显得"更合理"，在产品上镶钻、镀金，但这样的"伎俩"很容易被消费者识破。其后果是，瓦解消费者对品牌的信任关系，最终得不偿失。

在某种意义上，涨价是一种战略行为，但很多品牌却把它当作是短期行为。今天涨价、明天降价的随性行为，会失去更多的客户。

物以稀为贵。酱香型白酒出炉需要至少五年时间窖藏，年份越久越值钱，是消费者认可的价值。因此，酱香型白酒的鼻祖茅台的持续涨价，能得到消费者的支持。

爱马仕的包包需要提前两三年预订，二手包包市场非常发达，且二手包包价格极其坚挺，因而爱马仕的涨价，能得到消费者的支持。

随着智能制造的普及，生产效率不断提升，生产成本不断下降。在这样的背景下，涨价是一件并不容易的事。除非产品品质有一个飞跃式的提升，否则涨价是一个非常危险的行为。

从 2017 年开始，慕思步入工业 4.0 时代，其数字化工厂让产能大幅增加，生产成本显著降低。为了保持价格的一致性，随后慕思与丰田集团成员爱信精机达成战略合作，引进并使用其核心材质 Fine Revo 太空树脂球材质，让床垫在品质上有了一个颠覆性的变革。

规模化生产降低了路易威登 Monogram 经典款的生产成本。为了让这款产品保持原价格，路易威登与日本吉田拉链公司联合推出新的拉链技术，并专门设计了一条生产线，使得拉链技术有了一个质的飞跃。

在汽车行业，为什么有一些高端车型频频降价？这会影响它的品牌形象吗？

如果你足够细心，你会发现豪车品牌在发布一款极其昂贵的车型时，通常也会发布一款入门级的车型。这些豪车品牌用"一高一低"的巧妙策略，来降低入门级车型对品牌梦想价值的影响。这样的好处是，向世人宣告推出入门级产品并非自降身价，而是让更多的用户来感受品牌的魅力。

电动汽车品牌特斯拉，也采取了同样的策略。

随着电池技术快速迭代，类摩尔定律开始显现，汽车像早期的计算机一样，性能越来越高、造价越来越低。随着生产规模的提升，生产工艺的改进，技术的进步，电动汽车的生产成本仍有很大的下降空间。Model 3 国产后成本大幅下降，其售价也自然大幅下降。

与传统的汽车行业不同，特斯拉所在的电动汽车行业，更像一个科技行业。每隔几年，就会出现一次重大的技术革新。这些技术革新，大幅度提升电动汽车的续航里程、自动驾驶水平，并大幅降低电动汽车生产成本。在这些因素的综合作用下，电动汽车的价格是一个不断往下探的过程。

以汽车行业的视角看，特斯拉的频繁降价就会令人奇怪，可如果以科技行业的视角来看，就会见怪不怪。苹果、华为、英特尔，每隔一段时间就会降价，特斯拉亦然。例如苹果每推出一款新机型，老机型的价格都会随之而降。对"果粉"来说，今年买、明年降的情况，并不影响他们对苹果手机的热爱。因为他们深知苹果的价格策略与技术进步有关，与恶意割韭菜无关。

某种程度上，特斯拉把自己当成了一家科技公司，而不是汽车制造商。在特斯拉的产品矩阵里，频繁降价的 Model 3、Model Y 并不是特斯拉的全部，它还有更高端的车型 Model S 与 Model X，它们代表了特斯拉尖端的制造水平。例如 2020 年发布的 Model S Plaid，在电池技术上取得了重大突破，在未改变电池化学成分的条件下，其续航里程达到了 837 千米，比之前版本提升了 29.3%。这些豪华车型，帮助特斯拉维持了高端的品牌形象。

如今，特斯拉的产品线覆盖了从二十几万到两百万元的价格区间。这和奔驰、宝马如出一辙，既有十几万元的入门车型，也有近百万，甚至数百万元的超高端车型。开宝马、坐奔驰，这是人们对这两大豪车的基本定位。推出十几万元的车型，并没有削减宝马奔驰的品牌魅力。相反，那些入门级的车型降低了门槛，一旦人们开上它，就再也离不开了。

我们要强调的是，特斯拉的降价并不是以牺牲用户体验为代价而换取的，相反，这些车型在不断迭代的过程中，技术、性能、体验相比过去有了新的提升。特斯拉所表现出的极客气质，是人们趋之若鹜的重要原因。特斯拉击中了对新事物充满好奇、喜欢折腾、爱好学习的人们的内心，激发了他们的信念甚至信仰。

选择了特斯拉，就代表认可特斯拉所代表的精神、理念与生活方式。尽管选择电动汽车，意味着要适应新驾驶方式，接受学习成本，忍受各种小毛病，但对于信仰者来说，特斯拉所代表的意义比一切都重要。这就够了。

高端品牌是如何炼成的
看清全球高端品牌背后的六大法则

| 第五章 |

"破圈"法则

5

第一节　整合创新

全球配置

现在，乔布斯是世界公认的创新大师，但其实，他的创新之旅并不是一帆风顺的。

在 1997 年以前的 NeXT 时代，乔布斯以自主创新的技术来驱动市场，结果因为忽略了消费者的体验而陷入困境。1997 年重返苹果公司后，乔布斯通过整合创新的方式，将外部的技术整合在一起，带给消费者极致体验，大获成功。

早在 1984 年，卡西欧 AT-550-7 腕表就拥有了触摸屏技术。用户可以直接用手指，在手表表面划来划去，调整手表的功能。1993 年，IBM 研发出了世界上第一款智能手机——西蒙。西蒙既有手写笔，也有一些基本的应用程序，例如可以发送和接收传真、电子邮件，并且有世界时钟、记事本、日历和联想输入法。2002 年，一款名叫多普达的智能手机诞生，它的功能几乎和西蒙一模一样。多普达智能手机当时在中国市场非常流行，甚至成为当时新富阶层的标配。

2007 年，乔布斯站在 MacWorld 舞台上宣称："今天，苹果公司将彻底改造手机。"从此之后,手机世界发生了翻天覆地的变化。

除了多点触摸技术之外,iPhone 上的很多核心功能都不是自己原创的,例如 iOS 操作系统、Safari 浏览器都是在别人的核心上加了一个苹果自己的壳。然而,这并不影响苹果的魅力。

乔布斯后来这样谈创新:"当你问那些富有创造力的人他们是怎么做到的,他们会感到内疚,因为他们并没有真正做什么。他们只在看到一些东西一段时间之后,可以很敏锐地将之与自己的经历联系起来,并合成新的东西。"正是基于整合式创新,乔布斯创造出了改变世界的产品。

创新大师克莱顿·克里斯坦森说,技术和需求不存在颠覆性,只有技术和需求的新组合才能带来颠覆。不管技术是否原创,无论是自主创新还是整合创新,只要带给用户极致的体验,那么它就是有价值的。

在传统思维里,创建高端品牌,必须将核心的技术、核心的资源牢牢抓在自己手里,因为它们是构成品牌竞争力的关键要素。但技术的进步其实是一个动态过程。自主研发是一条终极之路,在走上这条路之前,我们还要走一段引进、消化、再吸收的整合创新之路,将世界的先进技术为我所用。改革开放以来,很多中国企业都是靠这种方式,向西方学习了不少先进技术。

华为同样也走过了这条路。最开始，华为在通信领域没有核心技术，只能通过价格战赢得市场。等企业慢慢做大，华为将大量的资金投入到研发中，一步步拓宽护城河。其中，收购、整合国外的技术中心是一个重要战略。

为了吸收意大利的艺术养料，华为在意大利设立研发中心；为了吸引俄罗斯和法国的数学家，华为分别在这两个国家创立研究机构；为了将日本的精益生产制度引进来，华为重金聘请日本丰田来帮助设计；为了提高生产经营的效率，华为花了数十亿请 IBM 来改造整个管理流程。通过不断整合先进资源，华为从一个通信设备商变成了一个世界级的科技公司，步入科技创新的无人区。

任正非曾透露，华为在 5G 技术上取得关键性的突破，与一个不谈恋爱的俄罗斯小伙子有关。基于全球化视野的整合创新，让华为的技术始终处于领先地位。

其实，资源是开放与共享的，重要的是有没有能力去做整合。俄罗斯和法国的数学家全球数一数二，凭什么他们愿意成为华为的一分子？是什么驱使他们毫无保留地贡献自己的智慧？如何让这些全世界最优秀的科学家变成真正的华为人？这些无不考验着华为管理者的整合能力。

如果将工业 4.0 视作一场科技竞赛，中国虽然在快步追赶，但离美国、德国仍有不小差距，尤其在核心技术领域，差距依然明显。美国在计算机科学、航空航天等领域，优势持续放大；

德国在工业机器人方面,仍旧傲视群雄。

中国高端品牌的发展依赖先进制造业,而先进制造业的核心技术掌握在西方发达国家手中。要实现弯道超车,最好的办法是整合全球优势资源,在应用层面进行创新,走出一条不一样的路。

不少中国企业选择了"买买买"的方式,实现在核心技术上的赶超。慕思在品牌创建之初就确定了全球睡眠资源整合这个发展的方向,通过资源整合,将全球最优秀的寝具设计师、最先进的技术、最具优势的制造资源为其所用。

在2019年版的慕思企业文化中,"整合创新"是慕思的企业核心价值观之一。慕思这样阐释整合创新:"通过整合创新,吸纳全球最新、最先进的技术和资源,为客户创造价值。通过整合创新不断实现商业模式、产品、技术和管理的优化与创新,构建公司核心竞争力。"

对于整合创新,王炳坤有自己的见解,他认为创新是企业保持持续领先的关键因素,而整合创新是最高速、最高效的创新方法,"永远靠自己的力量创新,可能有一天还是会被淘汰。因为没有永久新奇的东西,想要永远站在市场前端,只能去整合全球的资源再进行创新,找到合作共赢点"。

其实,整合创新不仅中国品牌在做,全球顶级品牌也在做,而且做得更早。纵观世界高端品牌的发展史,就是一部资源整合史。

20世纪80年代,由于生产成本提高、消费市场萎缩,许多国际高端品牌陷入困境,开始走上资源整合之路。它们的做法是,将低端制造向海外转移。本土工厂负责高端制造以及最传统的手工艺制作,而海外的代工厂负责工业化、流水线式的生产制造。合理的产业链分工,帮助这些高端品牌降低了成本、渡过了难关。

路易威登就是典型的例子。随着规模不断扩大,其法国工厂已满足不了消费者的需求,为了缓解产能压力,路易威登与美国、西班牙、印度等国家的工厂建立了紧密的合作关系。

与路易威登不同,更多的国际高端品牌选择了物美价廉的中国工厂来进行代工。在中国的东莞,这样的代工厂星罗棋布,它们源源不断地、隐秘地帮助全球高端品牌加工、生产、制造产品。它们与品牌方签署了严格的保密条款,一旦违背,将被课以巨额的罚款。品牌方做到了对生产制造流程的绝对控制。

全球高端品牌约定俗成地以"作坊"称呼这些"代工厂"。它们从不宣传代工厂的制造水平多么优秀,而是不厌其烦地强调品牌的梦想价值,这才是品牌最有魅力的部分。即便将能工巧匠作为卖点,它们也强调血统的正统性与技艺的传承性。它们通过一切方式,刻意淡化代工的标签,将可能产生的负面影响降到最低。

从整合创新的路径上看,中国高端品牌走的是由低往高的技术整合创新路线,国际高端品牌走的则是由高走低的制造整合创新路线。两者殊途同归,目的都是希望在全球化的进程中寻找最优的资源配置与组合。

积木式创新

从整合创新到自主创新,是一个循序渐进的过程。在品牌发展的早期,品牌创建者应该将专注力放在品牌打造与市场运作上,其他的靠整合创新来解决。

既然整合创新如此重要,那么具体方法是什么呢?

一些专家对美国创新的动力源进行长期研究与跟踪后,总结出了一条经验:积木式创新。积木式创新,指在创新过程中进行不同要素之间的组合,即模块化。就跟小朋友玩乐高积木一样,把其他公司的长板整合起来,哪里缺什么,就补什么,即插即用。

我们认为,它同样适用于高端品牌的打造。

中国的经济繁荣离不开西方的先进生产力,中国通过积木式的创新,一步一步走向强大。中国规模制造的"长板",与西方先进技术的"长板",构成了积木式创新的基础。

在西方发达国家,最先进的生产力分散在那些高科技成长型企业中。例如,几十人的公司,也许就能制造出航天飞机;不到百人的团队,就能研发出自动驾驶技术。这样"小而美""专而精"的公司在欧美有很多,这些公司通过高校科技产业化，在拥有单项优势之后再通过积木式创新，进而提高自己的科技水平。

不管是造汽车，还是造床垫，都能通过分布在全球的小公司进行模块化研发，最终通过数字化工厂，制造出一台台汽车、一张张床垫。积木式创新，能够帮助中国品牌建立一条完整的产业链，链条上的每个企业都可以专注自己的"长板"。最终，通过"长板"的不断叠加，从而实现弯道超车、快速成长。

苹果公司将技术研发和生产供应部分都转交给合作方，通过这种积木式的合作创造出每一款伟大的产品。苹果公司只负责研发芯片和重要配件，其他的业务外包给全球的合作伙伴，例如，日韩公司负责供应屏幕，中国富士康负责生产各种配件。虽然韩国的三星公司推出了自主品牌的手机，是苹果公司的全球竞争对手，但这并不妨碍它成为苹果公司重要的屏幕供应合作伙伴。苹果公司不用耗费巨资构建大型工厂，仅靠积木式创新，就能成为全球手机行业的霸主，赚取产业链中最丰厚的利润。

积木式创新的关键不是修补自己的短板，而是找到自己的最长板并尽可能地将它拉长，才能获取和别的最长板合作的资格。

积木式创新，是一个彼此配称的过程。长板相互匹配，才能成就一段"金玉良缘"。长板不断叠加，会建立一条既深且宽的创新护城河。当所有的板都足够长时，就会造就一个巨无霸。

仍然以慕思所在的睡眠行业为例，它所面临的挑战不仅来自诸侯割据的区域性床垫品牌，还包括跨界而来的科技巨头。2015 年，三星对以色列睡眠监测厂商 Early Sense 进行投资；2016 年，诺基亚将法国的健康设备厂商 Withings 收归旗下；2017 年，苹果公司将芬兰睡眠监测厂商 Beddit 收归己有；2018 年 LG U+ 与 Sleepace 享睡合作，推出助眠产品和服务……觊觎这个市场的还有谷歌、亚马逊、华为、小米、科大讯飞等科技大佬。慕思清醒地意识到，只有长板足够长，才能抵御来自全球的竞争。

彼得·德鲁克认为："创新不需要天才，但需要训练；不需要灵光乍现，但需要遵守'纪律'。"极致创新需要一个系统化作战的协作体系。

慕思的做法是充分发挥自己在品牌营销上的优势，然后通过复杂、多方位的全球协作体系来夯实自己的根基。

出生于瑞士的法国哲学家让-雅克·卢梭 1755 年提出了一个理论，当行动各方协同合作时，整体利益的规模几乎总是会越变越大，因此每一方都能分得比其孤军奋战时更多的利益。纳什用数学方法证明了这个理论。一个人要想研发出一个伟大的产品，几乎没有可能，他需要团队的协作以及对前人的继承。爱迪生就是典型例子：在他之前，有人已经发明了电弧灯，然而爱迪生利用团队的力量发明了更好的电灯。

苹果公司的做法是内部竞争，一个项目有 PLAN A 与 PLAN B 两个小组，通过两组人马相互 PK，看谁在测试中胜出，就优先支持谁。在产品研发过程，只要有人提出更好的设计理念，整个程序随时可以再来一遍。项目组的生死，最终要接受用户与市场的检验，项目如果不行，公司就会果断放弃。以产品为导向的小规模蜂窝型组织，内部竞争的企业文化，让苹果公司在瞬息万变的市场环境中保持了竞争力。iPhone 就是在苹果公司内部竞争中胜出的。如今，A/B 测试已成为科技界常用的创新方法。

脑科学家大卫·伊格曼在《飞奔的物种》一书中用"3B 法则"来概括了创新的具体方法："Bending 变形：通过改变旧要素的形态，把旧的变形成新的；Breaking 拆解：通过把旧要素拆解成碎片，使碎片或者碎片的组合成为一件新事物；Blending 融合：通过把不同来源的旧要素拼在一起，融合成一件新事物。"几乎所有的创新手段，都脱离不了以上三种法则的框架。

3B 法则带给我们积木式创新的方法论，但该如何评估要素的创新价值？我们可以从以下三个维度来评估。

一是领先性。

新要素，通常可分为新技术、新材料、新工艺、新创意、新应用、新解决方案等。这些新要素中的其中一项或多项，必须具有领先性，要么世界领先，要么行业领先。

例如慕思位于米兰的工业设计中心，将工艺和设计相结合，把创意融入慕思产品风格设计中，明确产品设计方向；位于比利时的人体工程学研究中心、与澳大利亚合作的睡眠研究中心就是在人体工程学、研究睡眠大数据基础上为研发产品提供更加科学的依据。这让慕思产品历经多年，在整个行业产品销售里面依然处于前列。

二是可转化性。

可转化性有两个内涵：其一，能快速应用化；其二，能快速市场化。自主性创新需要时间，而积木式创新强调速度。有很多新技术、新材料、新工艺特别先进，可是将它们转化为产品却遥遥无期。无法应用、很难转化的要素的商业前景是极为有限的。苹果公司最牛的地方，在于对手还没有反应时，苹果公司就已开始行动。它总是比别人早一步意识到新要素的价值，并能快速地转化成产品，带给用户独一无二的体验。

三是增长性。

在全球经济增速放缓的当下，增长是每个企业的核心命题。如果一项新技术、新材料、新工艺带来不了业务的增长，那么它就是没有价值的创新。乔布斯回归苹果公司后的第一款王牌产品 iPod，其采用的核心技术是东芝的"高密度存储"技术，这个技术让小小的 iPod 可以一次性存储几百首歌。iPod 采用这个技术之后，业绩飙升，风靡全球。一个躺在东芝实验室里的技术，却为苹果公司的业绩带来了空前的增长。

世界不缺少美，缺少的是一双发现美的眼睛。创新，就是重新发现美、挖掘美的过程。创新很美好，但过程很枯燥。它需要在全球浩瀚的技术库、材料库、产品库、创意库、文化库里寻找有价值的线索，提炼出所需要的要素，再进行验证、修正甚至推倒重来，最终实现积木式创新。

创新是一个长期的系统性战略。企业家不应奢望一时间的灵感迸发、毫无章法的头脑风暴，而是应该建立一个创新型协作组织，遵循创新规律，整合创新资源，重构一个新世界。

场域融合

在传统的思维里，线上线下有着清晰的楚河汉界，操作不好，就容易形成左右手互搏。谨慎起见，大多数高端品牌在两者中间人为地划出一道鸿沟来。井水不犯河水，各销各的货，互不打扰。

随着互联网技术与人工智能技术的迅猛发展，线上线下的鸿沟正在被抹平。技术的变革正在加速商业模式的变革，而商业模式的变革将加速品牌的成长。

新加坡国立大学教授周宏骐这样定义商业模式：商业模式就是搭建、优化、重构一个稳定而且高效的商业共生体，而商业共生体是由前端的客户生态系统、后端的合作方生态系统组成。

商业模式的变革是两大生态系统协同变革的过程，比如一个服装品牌想要做定制业务，前端要通过大数据解决顾客个性化的问题，而后端则需要通过柔性化生产来解决成本与效率的问题。对前端要素与后端要素进行不同的排列组合，就能产生不同的商业模式。

周宏骐认为，一个品牌要在商业模式上进行创新，离不开四个场域（RICS）：触达场（R）、交互场（I）、转化场（C）、服务场（S）。四个场域的关系是一个递进式的循环关系，呈现了整个消费链路的全过程。市场营销的全部工作，都是在触达、交互、转化、服务的重复循环中完成的。

随着技术的进步，四大场域发生着巨大的变化。

过去，消费者获取品牌信息，局限于实体门店、电视广告、报纸等有限的渠道，现在，消费者获取品牌资讯的渠道越来越多，电商平台、微博、微信、抖音、快手、小红书、B站都变成了触达场。同时，交互场也发生了巨大的变化。人与人之间、品牌与顾客之间的互动，更多地发生在虚拟的空间里，交互无处不在，沟通随时随地。此外，转化场也变得更加多样，流量电商、内容电商、社交电商、直播电商等线上渠道层出不穷，专卖店、快闪店、折扣店、联合店、无人店等门店形态不断迭代。在这个过程中，服务的内涵也大大延展，消费金融、物流配送、售后服务变得越来越重要。

一方面，四大场域的界限更加模糊，例如直播场域，它既是触达场,又是交互场,也是转化场;另一方面,场域的分散化,造成了整个消费链路更难捕捉。在这样的趋势下,广域营销方式日渐失效,以大数据、算法驱动的精准营销成为趋势。

在当前的市场营销工作中,最重要的是将"场"进行融合,缩短消费链路。其中,内容、场景、社群是最重要的驱动力。

最流行的直播营销模式就是典型的例子。直播通过与用户的面对面交互,即时促成转化,以高效率、低成本连接人、货、场,并可在较短时间内完成整个消费链路,几乎所有有志于开拓新市场的品牌都拿起了直播的武器,开始了一场全新的战役。

根据消费链路,我们可以将直播营销分为三种类型:

第一种是直播带货型。直播带货的消费链路非常短,直接从触达场(R)跳到转化场结束(C)。其中,内容为其核心驱动力。

第二种是直播引导型。在直播间(R),主播引导进入私域的微信群(I)进行种草、裂变,最后通过多群直播进行转化(C)。其中,场景是最重要的驱动力。

第三种是直播体验型。与上述两种直播营销不同,该类型直播的触达场是实体门店(R),店员引导消费者扫码入微信群(I),通过在群里发布直播信息、直播活动,引导消费者进入门店(C)实现转化。相比内容、场景,社群才是核心。

前两种直播模式高度依赖主播,具有很大的不可控性,而且他们通常会要求品牌方以很低的折扣来回馈粉丝,更适合以产品、价格为导向的大众品牌。

对拥有大量实体店、高度依赖线下体验、很少降价打折的高端品牌来说,第三种直播模式更符合实际。它能将线下实体门店、顾客资源充分调动起来,与线上的直播营销方式无缝衔接,从而实现高效率的转化。

我们仍旧以慕思为案例,来看看它是如何运营直播技术来为营销赋能的。

2020年突如其来的疫情,慕思的销售受到极大影响。线下经营停滞,慕思转而在线上寻求突破,通过直播营销,寻找新的突破口。2020年3月份,慕思寝具开展了一场直播营销活动。慕思围绕4800多家门店,以员工和经销商为主力军,构建了一个超过万人的全员直播团队。最终的成果是128万人参与转发活动,有150多万消费者自发成为直播的代言人、自动生成转发海报,活动触达1.28亿受众,超过550万人观看直播,最终订单数超过15万笔,实现10倍级的病毒式裂变增长。

慕思的具体做法是:

第一步,动员全体员工、经销商、门店,构建了一个全员营销社群。其中,总部建立了97个面向消费者的微信社交运营团队,运营300多个微信群;经销商建立了2000多个微信群,超过9000名经销商人员及店员参与。微信群的全部成员加起来,有近百万人。

第二步,设定机制,让社群成员自发地传播。一方面,利用引流产品、抵用券等引导消费者下单,向线下门店导流;另一方面,策划极具诱惑力的直播购物活动,推出好玩的、能自动生成直播活动海报的神器。

第三步,同步直播,实现高效率转化。通过用户在微商城下单支付定金,在门店支付尾款的方式,实现了线上线下的同步,形成了商业闭环。

直播前,慕思举全员之力构建社群;直播期间,全国上千名促销员同步在线沟通。慕思直播没有请明星、没有请达人、没有购买流量,仅通过线上、线下的同步联动就实现了超高的商业转化率,堪称创举。

在随后的时间里,尝到甜头的慕思多次发起大型的直播营销活动,成为行业内争相学习的榜样。

尽管直播能缩短整个消费链路,实现高效率转化,但许多高端品牌仍然对直播保持谨慎、观望的态度。他们的担心主要有三点:一是怕直播的流量不够;二是怕直播影响了经销商、门店的利益;三是怕影响品牌的调性。其实大可不必过分担忧,如果转换一下思路,问题也许就会迎刃而解。

第一个思路转变:线上线下的流量一体化。线下门店就是一个流量池。如果把所有门店的流量聚合起来,就能产生巨大的能量。第二个思路转变:直播是赋能于渠道,而不是与渠道争利。直播是一个高效率、低成本的营销工具,目的就是为了帮助线下渠道开辟新的增长点。第三个思路转变:直播是一种服务。主播带货的本质，是服务粉丝、回馈粉丝。而厂商发起的直播，是服务渠道、服务门店。两者不可混为一谈。

绝大部分厂商都将注意力聚焦到触达、交互、转化这三个环节，却忽略了服务这一环。高端品牌高度依赖服务，因此，开展直播营销更应该将焦点集中在服务上。如果没有一个强大的服务系统，直播很容易变成翻车现场。正如应对"6·18""双十一"这样的大型购物节一样，企业必须配备充足的货源与服务人员，以适应高迸发的成交量与各式各样的售后服务问题。

此外，直播必须要在不牺牲体验的前提下进行。路易威登曾在社交电商平台小红书上首次进行在线直播，邀请了时尚博主和品牌好友出镜。然而，由于直播背景太过简陋，搭配太过随意，与本身的品牌调性不符，路易威登的直播受到了很多人的吐槽。最终，其全新夏日系列的直播只吸引了1.5万人在线观看。

现在，越来越多的高端品牌通过线上线下的融合来构建新的增长模式。顾客虽未亲至，却如临其境，直播将线上与线下有机融合，建立了可观看、可互动、更真实的连接，为新商业模式的落地提供了一个新的入口。

第二节　定制产品

联名定制

这些年较为火爆的营销方式,除了直播之外,莫过于联名定制了。这股风潮始发于路易威登与潮牌 Supreme 联名定制的大获成功,两者的联名款一跃成为美国顶级潮牌,无论是潮人还是明星,纷纷以身穿 Supreme 为荣。与路易威登的联盟让 Supreme 成为美国时尚界人气火爆的新宠。

此后,古驰、普拉达、迪奥、宝格丽等顶级高端品牌也加入其中。这种世界顶级高端品牌与潮牌、运动品牌的联名营销风潮越刮越猛,到 2020 年达到了顶峰,备受人们关注。

联名定制得从 20 世纪 30 年代说起。当时,艾尔莎·夏帕瑞丽是与可可·香奈儿齐名的意大利女设计师,两人是"死对头"。夏帕瑞丽是第一位登上《时代》封面的女设计师,她非常注重设计的创意性,与很多艺术家保持着密切的联系,其中就包括著名超现实画家萨尔瓦多·达利。1937 年,她与达利联合设计,推出了颠覆当时时尚思维的"龙虾裙",成为西方服装史上的"千古绝唱",开创了时装史上的跨界联名先河。

自此之后，服装品牌与艺术家的联名就越来越频繁。直到今天，各种联名定制层出不穷，成为一股时尚风潮。可是，为什么从不自降身价的顶级高端品牌愿意与潮牌联名？

联名的本质就是品牌与品牌之间的互相借力，快速打破两个不同领域的壁垒，建立起一个互通的桥梁，产生"1+1>2"的效应。在与 Supreme 的联名合作中，路易威登获得了什么？

瑞典隆德大学教授奥维·洛夫格伦是最早研究中产阶级的学者，他在《美好生活：中产阶级的生活史》一书中首次描述了中产阶级的生活图景：19 世纪与 20 世纪之交的瑞典中产阶级，在他们的形成阶段，不仅尝试摆脱"暴发户"的嘴脸，而且希望与农民、工人和没落贵族之间划清界限，有自身的独特文化和生活方式。路易威登所倡导的精致生活理念，与中产阶级的价值观与生活态度不谋而合。

时间进入新世纪，中产阶级的想法发生了变化。和保守的老一辈相比，新一代中产阶级在消费、审美和生活方式上都发生了改变，他们更愿意尝试新的东西，追求品位、身份地位的个性化。

麦肯锡在 2019 年的一份调查数据显示：以"80 后""90 后"为代表的年轻一代，分别贡献了中国奢侈品总消费的 56% 和 23%。另据波士顿 2017 年的一份报告数据显示，有三分之二的奢侈品消费者已经不再将品牌主导的经典款作为首选了，而将目光转向更加休闲、前卫的款式。

Supreme 于 1994 年诞生于美国,以滑板运动产品为主,无数滑板爱好者、街头潮人都是 Supreme 的忠实粉丝。二十多年来,Supreme 已成为街头文化的象征,在年轻人心中拥有广泛的影响力。

表面上看,路易威登与 Supreme 风马牛不相及,但事实上,两者高度互补。路易威登可以借助 Supreme 在年轻人中的影响力改变过去老牌的形象,更重要的是,它可以借助联名的方式打开年轻人的市场。

很多人想不通,这两个气质完全不同的品牌,为什么能紧密地黏合在一起,还产生了强烈的化学反应。其实原因很简单,它们都拥有强大的梦想价值。

我们为什么在本书中不厌其烦地强调梦想价值的重要性,是因为许多用常规理论解释不了的行为和现象,都能在梦想价值上找到答案。

在各自的核心消费者心中,路易威登、Supreme 都是如同信仰般的存在,彼此合作并不会削弱品牌在他们心目中的梦想价值。

对各自的非核心消费者来说,两者只是就某款产品尝试性合作,传播意义远远大于销量增长的意义。这种一次性的浅层次合作,对各自品牌梦想价值的影响微乎其微。更何况,大多数类似的联名产品通常采取限时限量发售的策略,这样的方式最大限度地减少了对梦想价值的伤害。

从这个角度看,路易威登与 Supreme 推出的联名产品,并不是常规意义上的产品,其核心考核指标也不是看它带来了多少销量,给业务带来了多少增长,而是它带来了多大的品牌营销效应。本质上,联名是一种绝佳的营销素材。

在联名的过程中,消费者很容易将其中一个品牌的既有认知转移到另一个品牌上,尤其是品质认知。Supreme 与路易威登的联名,可以提高 Supreme 品牌的附加值,为高端市场的延伸打下坚实的基础。对路易威登来说,与 Supreme 联名,路易威登能在 Supreme 消费者族群中提高相应的认知度。同时,路易威登借此告知天下,它正在注入新的活力,将变得更加年轻化。

研究显示,品牌定位较高的品牌与品牌定位较低的品牌联名合作,能大大提高后者的梦想价值,但并不会降低前者的梦想价值。

通常来说,这类强强携手、互补性极强且限量限时的联名产品,具有很强的投资价值。消费者疯狂抢购联名定制商品,其实是一种价值标榜。一个产品,两个品牌,多重满足,正是基于这种微妙、复杂的消费心理,联名定制产品备受欢迎,一货难求。这种从销售前端传导过来的饥饿效应,对联名品牌有着正向积极的促进作用。

品牌之间的联名合作,绝非简单的"1+1",而是品牌精神与理念的彼此契合、双向驱动。因此，高端品牌的联名定制，一定不能以牺牲梦想价值为代价，否则就有点得不偿失，得了芝麻丢了西瓜。

品牌之间的联名要遵循上述原则，品牌与名人的联名、品牌与 IP 的联名也要如此。

许多高端品牌通常都会选择与艺术大师联手，为少数顾客提供限量款的联名产品，将艺术的天价附加到相关产品上，从而制造稀缺和惊喜。

例如，20 世纪 30 年代，夏帕瑞丽与超现实画家达利推出联名的"龙虾裙"；再比如，宝马、路易威登、芬迪、艾克宝、唐培里侬、科颜氏、柏图与美国当代著名的波普艺术家杰夫·昆斯推出联名产品。由于是限量生产，这些商业行为对杰夫·昆斯"最贵波普艺术家"名头没有丝毫影响。

品牌与 IP 的联名更是如此。故宫、敦煌、大英博物馆等具有文化象征意义的地方，以及毕加索画展等全球顶级艺术展览，都是高端品牌 IP 联名的心头之好。

一切能够为品牌梦想价值加分的人、事、物以及品牌，都是可联名的对象。只有将梦想价值放在第一位，联名才能获得真正的成功。

个性定制

波士顿咨询 2019 年发布的一份报告显示,将近 20% 的奢侈品消费者表示,在购买产品时会选择定制服务,年轻人更愿意为个性化定制服务买单,个性化的产品能让他们产生文化认同感,并完成消费决策。

大规模工业化带来的廉价商品让消费者只能被动选择,而当人们满足了基本的生活需要之后,个性化的需求就不可避免地表现了出来。定制化,成为满足个性化需求的一条重要路径。

过去,满足顾客的个性化需求并不是一件容易的事情,保持高效率的产出,通常会遇到技术的瓶颈。信息时代的到来,柔性生产技术的出现,以及大数据、人工智能技术的高速发展,使得个性化定制成为可能。

个性化定制的魅力,在于品牌方与消费者携手完成前所未有的产品的创造过程。消费者不是一个被动的接受者,而是参与者、创造者与见证者。消费者在个性化定制过程中所提供的每一个创意、付出的每一滴心血都凝结成一种精神力量。

在某种程度上,个性化定制是自我价值延伸的一部分。个性化定制是借品牌之手,对自我进行审美与文化价值的表达。消费者的精神力量,已成为产品的一部分。

过去,消费者只是被动地接受产品,如今,个性化定制让消费者主动参与到产品的设计和制造中来,它不但给客户带来尊贵感受，而且是一种对高端的全新定义与诠释。"自己做"（Do it yourself）代表了一种生活方式，让品牌焕发新的吸引力。

消费者都有独特的消费偏好，一旦消费者认为品牌能够识别并满足他们的既定偏好，他们就会形成更高的品牌忠诚度。

因此，识别高端消费者的偏好，并为他们提供个性化的定制产品与服务，是每一个高端品牌的重要功课。

在世界范围内，几乎所有的高端品牌都有个性化定制的服务。在汽车行业，除了劳斯莱斯、宾利、布加迪等顶级豪车品牌外，大多数高端汽车都引进了特殊的生产线来实现消费者个性化的购车需求。

例如奔驰汽车的AMG车型就是基于"一人一机"理念打造的，每一台发动机都有一位专属的工程师，从发动机制造开始到组装完成的全部过程都由这位工程师负责，最终，消费者将得到一台铭刻有该工程师签名的发动机。这些签名的铭牌安装在发动机最明显的位置上，成为这台车的重要标志之一。

宝马德国总部有一个特殊的Individual部门，该部门旨在关注不同客户的个性化需求，并提供一对一的解决方案，使客户的选择远远超出标准的选装范围。

沃尔沃曾推出专属人群的个性化产品——沃尔沃全新S90长轴距T8（E驱混动）三座荣誉版。这款车颠覆了传统汽车的内饰设计理念，取消副驾驶座位，并将其与后排空间打通，打造出"超级头等舱"的体验。

时装行业更是定制大施拳脚的领域。如今，那些耳熟能详的时装品牌都有专门的设计师，帮助尊贵的客人设计、裁剪、缝制衣服。在时装界，有一个专属的名词：高级定制（法语为 Haute Couture）。在法国，Haute Couture 被视为"国粹"。

Haute Couture 意味着奢华的制高点，拥有高不可攀的特权。成为 Haute Couture 的门槛极高，品牌必须同时具备在巴黎设立工作室，拥有 20 个全职技术人员、3 个专职模特，生产的服装款式限量且全部手工制作，一年召开两次发布会，首席设计师至少展示 75 件原创服饰等多个苛刻条件。品牌满足以上条件之后，还要由法国工业部审批核准，才能命名为"Haute Couture"，并受法律保护。

同时，工会也制定了严格的退出机制，不合要求的品牌会被剔除出名单。由于 Haute Couture 代表了时尚界的最高水准，对于时尚趋势有着极为重要的启示作用，目前能称为"Haute Couture"的品牌，全球仅有十几个。

Haute Couture 的礼服动辄百万元人民币，而且客户必须到巴黎接受设计师的量体裁衣，这导致能享受得起 Haute Couture 服务的人非常之少，全球的高级定制客户只有数百人。后二战时期是高级定制的黄金时代，全球有近 2 万名消费者，但随着时间的推移，高级定制客户没有增加，反而减少。到 1990 年，人数降到了 200 人的冰点。现在人数虽然有所增加，但也不到千人。这些客户要么是全球政要，要么是皇室贵族、超级富豪。

当然，Haute Couture 毕竟太奢华、太高端了，对于大多数高端品牌来说，基于标准化的个性化定制，才是重中之重。

尽管定制化已是大势所趋，但定制尺度的把握却是一门大学问。是有选择地组合定制，还是完全地自由定制？到底应该给予消费者多少定制空间的选择？

当品牌为消费者提供了完全的定制权，定制的选项太多，消费者会担心呈现效果不够理想而放弃；可是选项太少、选择过于简单的话，消费者的深度参与无法得到体现，最终也会影响体验。

这需要做个平衡。个性化定制是品牌的延伸服务，它的美学特征与品格调性是与品牌一致的。因此，最佳的方法是，在品牌现有产品的基础上定制不同的参数，引导消费者在有限的范围内做出选择。

美国心理学家巴里·施瓦茨（Barry Schwartz）有一个著名的"选择的悖论"，他认为幸福意味着拥有自由和选择，但更多的自由和选择并不能带来更大的幸福，相反，选择越多，幸福越少。

许多消费者渴望定制化，更多只是表达参与的意愿、获得创造的乐趣，而不是亲手从零开始创造一个全新的产品。因此，基于标准化的定制化，对品牌和消费者都是一个好的选择。

规模定制

高端品牌的打造,貌似违反了很多常理,充满了悖论:例如,为了不让梦想价值减分,控制销量;为了营造稀有性,不能彻底抛弃手工技艺等。

在生产制造方面,同样面临一个这样的尴尬:个性化与规模化的矛盾。个性化追求独一无二,而规模化强调效率与成本,两者如何完美融合,考验着每一个品牌企业。

在工业化初期,个性化产品与服务就已存在,不过只能小规模供给。由于定制的人工成本很高,也缺乏大规模定制的技术,没有太多的消费者可以购买得起。今天,新中产崛起,大量的中产阶级不满意标准化的产品与服务,他们希望能够按照自己的偏好与意愿消费,这要求企业拥有规模化的定制能力。

如果只是单件作坊式的定制生产,其实并不复杂,问题在于要实现规模化的定制生产,甚至能够做到单件控制,就会面临重重困难。这对品牌的信息反应能力与柔性生产能力提出了苛刻要求。

以信息化、模块化、延迟生产技术为代表的柔性生产技术日益成熟,使交易成本和柔性生产成本大幅下降,为个性化定制创造了条件。

在世纪之交,中国的家具行业诞生了一种新模式——家居(具)定制,甚至催生出一个定制家居行业。

"家居（具）定制"不是一个全新的概念，事实上它相当古老，在农业社会就已经出现。进入工业社会之后，以手工为主导的家具定制一度接近消失。工业化让制造成本快速降低，也让家具行业的竞争越发残酷。

不过，定制家具的诞生，与其说是过度工业化后的被动反应，倒不如说是企业响应消费者需求的主动选择。定制家具成长于家装行业与家具行业的夹缝地带：家装天生就是个性化设计行业，家具行业则需要不断满足消费者各种各样的需求——尤其是橱柜和衣柜，所以定制家具行业的三家龙头欧派、索菲亚和尚品宅配，初期要么从橱柜切入，要么专卖衣柜。

2011年，战略学教授曾鸣研究指出，随着互联网产业的深化，C2B模式将在后互联网时代开始盛行。他还把大规模生产和大规模定制进行了比较研究，认为在大规模生产情况下，企业向消费者交付产品的模式应向消费者交付解决方案的方向演变。

定制家具产业之所以蓬勃发展，现在甚至成为一个独立的产业，有三大原因：第一，它解决了个性化需求与现代化大规模生产的矛盾，以板材为原料的加工制造，相对比较简单；第二，新世纪的前十年，中国经济持续高速增长；第三，定制既是现实需要，又能满足精神需求。

慕思将定制家具的理念引入到睡眠产品上。每个人对睡眠的需求千差万别，一个产品满足所有的个性化需求几乎不可能。慕思开创地引入个性化私人定制，给用户带来极致的睡眠体验。

最初，慕思以人体分区，把人体分为头部、颈部、肩部、腰部、臀部、大腿、小腿七个区，来解决人体和床垫的结合问题。但慕思发现，仅仅如此是不够的。

后来，慕思推出"健康睡眠系统"，它是通过对排骨架、床垫、枕头、床品和定制测试仪五个部分进行人体工程学的设计，结合全球顶尖床垫的整合与创新打造而成的一种睡眠组合。

凭借量身定制个人专属的健康睡眠系统，慕思又重新定义了软床行业。区别于传统软床的标准、舒适和通用性，慕思健康睡眠系统强调因人而异、量身定制。

有别于家具的定制化，慕思的定制化有两个内涵：一是前端的服务个性化，二是后端的生产柔性化。更重要的是，两者并不是割裂的状态，而是无缝融合、合为一体的。

具体的做法是，建立百万人的睡眠大数据库，然后根据人的身体结构、高矮胖瘦等进行分类建模。客户可以通过智能化设备，测试出适合身体各个部位的最佳承托值。当一系列的测试结束，后台系统已经全面掌握客户的身体结构参数和健康睡眠系统参数，并实时反馈到总部工厂，通过柔性生产技术，帮助客户实现健康睡眠系统的个性化定制。

以前，大多数高端寝具所谓的个性化仅停留在尺寸、高度、材质等上，而慕思通过先进的技术实现了真正的量身定制。

大数据技术让个性化更加精准、有效，而柔性生产技术确保了定制的高效率。先进的技术让慕思有效地解决了个性化与量产化的矛盾，为客户提供了前所未有的个性化体验。甚至，一张床垫可以定制出多种风格，满足了国内外许多家庭的现实需要。

全球领先的人体数据互联系统，更先进、更智能和更便捷的人机交互体验，慕思真正交给消费者的不是一个冷冰冰的工业品，而是专属于消费者自己、独一无二的一张"懂你的床垫"。

在产业巨变中，技术扮演关键角色。大数据在营销上的广泛应用，让产品更加个性化，服务更加定制化，也让品牌更加小众化。这似乎相互矛盾，却又合情合理。菲利普·科特勒认为，数字经济的关键就是处理这些悖论。

定制模式从本质上重新定义消费者关系。消费者提出个性化需求，参与产品的设计与开发，慕思通过智能化的柔性生产技术，把各种不同的需求进行有效的整合，实现了大规模的定制。每个用户都既是创造者，又是消费者，他们与品牌形成了"你中有我""我中有你"的融合共生关系。

第三节　联盟营销

新圈层

2020 年夏天，一部《三十而已》电视剧让爱马仕的包包成了全民话题。

女主角顾佳背了一只香奈儿限量款和一帮富太太合照，太太们发朋友圈合照时，竟然将顾佳的照片直接裁掉。

原来在这帮富太太眼中，爱马仕才是入场券，香奈儿根本不入流。毕竟，照片中站 C 位的富太太手中所提的爱马仕喜马拉雅铂金包，价格高达 250 万元，而顾佳的香奈儿手袋才 6 万元而已。

电视剧中的顾佳并不是富太太眼中的同类。从大众的视角看，奢侈品消费有着一条完整的"鄙视链"；从营销专业角度看，这是"圈层效应"的畸形显现。

打开微信，每个人都有自己的朋友圈，也或多或少有好几个微信群，这是新消费时代最典型的圈层结构，这些不同的部落群分别代表不同的生活方式和不同的价值观，不同的圈子有不同层次的品牌消费需求，现实生活中的圈子也一样。

美国斯坦福研究中心的研究表明：一个人赚的钱，12.5%来自知识，87.5%来自圈层。在物质过剩时代，马斯洛需求模型中生理、安全、归属、尊重的四层需求相对容易被满足，而自我实现这一重要需求很难得到满足。因此，营销4.0倡导以自我实现为驱动。

对于高端人群来说，拥有豪宅、豪车已无法满足他们更高层次的需求。他们希望通过圈层社交，获得尊重，实现自我价值，彰显非凡的人生境界。

他们深谙"人脉即钱脉"的商业哲学，因而他们比大众更注重人脉网络的拓展。高端圈层中的成员大都是各自领域的精英人士，有着相近的身份地位、财富收入、兴趣爱好和价值观，成员有着很强的归属感，彼此之间有着相当的影响力。

圈层是基于价值认同的社交关系，尽管圈层的成员有多重身份，但由于地位、财富、兴趣趋同，同属于一个阶层，这决定了圈层的强黏性。在中国的高端圈层，同属一个圈层的成员有着很强的凝聚力和向心力。

由于圈层有着共同的文化基因，哪怕品牌只赢得了少数成员的青睐，但通过口口相传，就会形成羊群效应，可能赢得整个圈子的信任。尽管高端圈层向来私密、小众，但有着巨大的商业价值，无数人仍然趋之若鹜，想尽办法跻身其中。

一些顶级高端品牌正在创造自己的圈层，他们通过专属某个圈层的消费品位和价值取向，向全球的潜在顾客传递清晰的品牌信号，吸引他们加入其中。就像电视剧《三十而已》中的女主角顾佳一样，她为了融入富太太圈层，不惜拿出所有积蓄买一只爱马仕的包作为敲门砖。

在互联网时代，圈层的定义发生了巨大的改变。

远古时期，人们以种群或血缘关系组成一个个群落；进入了文明社会后，人们常以阶层为特征进行圈层的划分；进入工业社会，职业和收入是划分圈层的重要特征；到了互联网时代，价值观与兴趣成为区分圈层的关键。

每一个成功的高端品牌都是一个圈层。对高端品牌而言，圈层是集认知、交易、关系三大交互空间于一体并将这三大关系折叠在一起的新场景，它连接了线上线下，为品牌创造了一个新型的互动空间。

在信息高度碎片化的时代，营销的权柄不再掌握在企业和品牌手中，无数个真实但面目模糊的人掌握着品牌的声量与走向。他们组建各种社群，对其他消费者实施影响。

在某种意义上，圈层是品牌塑造的绝佳场所。圈层着力于对人心的共鸣，若品牌理念与圈层成员的生活追求相重合，更容易建立圈层共同文化氛围，让目标圈层对品牌产生深度的精神认同。

移动互联网推倒了品牌之间的围墙与藩篱，在信息无限畅通的世界里，人群被切割成各种各样的圈子，每个圈子相互独立，但又彼此关联。购买路易威登手袋的人，与购买慕思床垫的人，可能同属一个圈子；奔驰车友会的人，可能很多人都拥有古驰。

日本作家村上春树曾说：我们都是人类，是本质上超越国籍、种族、肤色甚至信仰的群体。人与人之间的相互吸引，组成了各种各样具有无限想象力的社群。新消费时代，每个人都有自己的价值主张，而追求共同生活方式或价值主张的人往往能聚合在一起，组成一个个社群。

经济学家周其仁认为，最优的创新组织是不大不小的"群"，"活跃分子凑到一起高频互动，容易达成共识，互相欣赏、互相切磋、互相鼓舞，组织成本不高就形成一致行动。群与群交互作用，能够无中生有，直到长出一个新结构"。

在社群中，每个人都有多个标签，例如爱看电影、某明星粉丝、涂鸦爱好者等。每一个标签都是一个独立的社群，由于个体标签的多样性，他既可以是某明星粉丝社群成员，也可以是涂鸦爱好者社群成员。内容是社群的黏合剂，不断生产优质的内容是优质社群的重要特征。例如小红书汇聚了大量的90后用户，很多品牌通过内容种草的方式，受到了大量年轻人的追捧。

品牌可通过内容与利益，快速建立具有一定规模的社群组织。在传统模式下，企业需要花大量的时间做调研，去了解消费者需要什么，而且整个系统的成本非常高，但基于社群的大数据和小样本调研，既可以分析出目标受众的模型，还可以预测市场趋势。

社群只有靠不断地付出才能维系，如果仅仅是为了推销产品而搞活动，不仅无法形成社群的凝聚力，也很难拉近与消费者的距离。真正的社群营销，是为每一个成员持续不断地创造价值，而不是功利性地推广产品或者"割韭菜"。

新联盟

2016年7月的某一天，华为消费者业务CEO余承东非常兴奋，他热情洋溢地发送《致华为终端所有同事的一封信》，并公布了一个好成绩：华为P9及P9 Plus上市三个月（4月6日在伦敦发布）的销量超过了450万台。2016年全年，华为手机出货量达到1.39亿部，是小米的两倍。

让余承东欣喜的不仅是华为P9及P9 Plus出色的成绩，而是它重新定义了手机的拍照功能，开启了一个新纪元，并将对手远远地甩在了后面。这个幕后功臣就是徕卡。

在摄影爱好者心目中，徕卡是一个传奇般的存在。自从1914年诞生第一台原型机起，徕卡相机因出色的光学系统而闻名全球，它记录了无数历史性的时刻。由于镜头工艺复杂，它的价格极为昂贵，有着"相机中的劳斯莱斯"的美誉。

乔布斯在iPhone 4的发布会上曾经这样说：毫无疑问，iPhone 4是我们做过的最精密和最漂亮的产品，它就像一台漂亮的老式徕卡相机。

一个是快速崛起的消费电子品牌，一个是顶级高端的相机品牌，两者携手创造了一个"异业联盟"的新传奇。

2013年，华为如日中天，其全球市场份额不断攀升，其高端手机的定位得到了全球消费者的认可。为了在核心技术领域取得突破，华为在研发上的投入超过了1000亿元。虽然华为很多技术已进入无人区，但在数字成像领域，华为仍然缺少一个令人仰望的世界级合作伙伴。

这时徕卡走进华为的视野。在华为看来，徕卡长达百年的创造优质图像的经验，始终如一的高超技术、精湛的工艺和完美的细节，专注、聚焦且追求极致的企业文化，这与华为的DNA何其相似！2014年，同样拥有极致技术，具有相似文化、愿景与实干精神的两个世界级巨头，终于走在了一起。

在华为P9及P9 Plus的发布会后，很多人问时任徕卡CEO的奥利弗·卡尔特纳（Oliver Kaltner），徕卡产品定位于高端甚至奢侈品，而华为是生产消费级电子产品的，究竟为什么会走到一起？在设计理念上会不会有很大的冲突？

卡尔特纳这样回答："徕卡是一家有着120年历史的品牌，我们非常注重品牌的高端性，所以选择合作伙伴的时候也是精挑细选，非常谨慎。不管是材料的选择还是先进技术的引入，抑或是在软件、硬件上的质量标准，所有这些都能够体现华为高端的品质和特性。"

智能手机是华为的专长领域,摄影是徕卡的专长领域,华为与徕卡的合作,是真正意义上的强强联盟。

随着互联网技术的飞速发展,信息的透明度越来越高,行业之间的融合与渗透越来越频繁,产业之间的城墙正在消解。华为与徕卡的合作关系,已超越了上下游的垂直合作关系,是真正意义上的平等互利的水平式合作关系。这种合作关系被称为异业联盟(Horizontal Alliances),其目的是带给用户一种全新的、空前的体验,从而为品牌价值增分。

姚吉庆对异业联盟有着深刻的认知。他曾主导创立了多个异业联盟,如冠军联盟、1号联盟,每一个联盟的诞生都是当年家具行业的大事件。

他认为,异业联盟可通过行业间的相互融合,品牌间的相互映衬,实现品牌从平面到立体、由表层向纵深、从被动接受到主动认可的跃迁,使企业整体品牌形象和品牌联想更具张力,在目标消费群体中得到一致的认可。

对于高端消费者而言,选择什么样的品牌,意味着选择什么样的生活方式。慕思与兰博基尼,一个是全球顶级床垫,一个是全球顶级跑车,两者的梦想价值同属于一个水平。它们之间的联盟合作,是基于同一生活方式、同一文化符号的高水平异业联盟,带给消费者的是全新但同样极致的消费体验。

尝到异业联盟甜头的慕思,后来更进一步,与定制家具领导品牌欧派联盟,推出了"慕思·苏斯"专属定制产品系列,在欧派全球门店及慕思·苏斯门店销售。除此之外,双方还以全新的"新联售"模式拓展市场。新联售并不是简单地联合销售,而是将产品、价格、渠道、品牌传播等多个链条的优势整合,为客户创造更多的沟通场景。慕思与欧派相近的使命和愿景,在价值观上的高度契合,为新联售注入强大的驱动力。

经过十多年的异业联盟实践,姚吉庆曾总结了十条合作原则,其中四条原则最为关键。

一是以长远目标为合作基础,在品牌影响力上做到"门当户对",相互强化,产生"马太效应"。不对等的品牌之间存在联合收益不对等问题,常常导致结成的联盟不能够长时间维系。

二是非竞争性的战略联盟。联盟的成员并不处于同一产业,也不存在传统供应链的上下游关系,因此远离了竞争,合作是基于资源的互补利用,通过核心资源的嵌入式共享实现深度融合,从而使联盟各方取得共赢。销售的目标客户比较一致,家装中地板、瓷砖、橱柜等商品采购的必要性和采购时间的集中性,使上述产品在某种时候具有高度关联性。

三是成员具有比较一致的核心价值观,这种价值观是品牌联盟的核心竞争力。

四是一把手高度重视。这保证了联盟不会因为短期的得失,而影响到联盟的长期性持续发展,而且保证把决策执行到位。

如果一一比照，华为与徕卡、慕思与兰博基尼的合作，完全符合上述原则。可见，只有实力旗鼓相当、长板高度互补、价值观高度相似、一把手高度重视的异业联盟，才能走得好，走得远。

新生态

如果有一台时光穿梭机，穿越到1853年的美国西部，你会选择做什么？

1853年，人们从四面八方疯狂涌进美国西部的加利福尼亚，满怀期望能在美洲河里淘到珍稀的黄金。

起初，淘金是在少数人当中秘密进行的。偷偷发大财，是人之本性。但是一个名叫萨姆·布兰纳的人却唯恐天下人不知道，大肆传播"美洲河里有黄金"的消息。三个月后，纽约《先驱报》报道了此消息，世界沸腾了。

其实，布兰纳并不傻，他没有淘到什么黄金，但他商店里淘金用的铲子、金属盘、斧子供不应求，由于太过稀缺，淘金者不得不用黄金购买这些工具。很快，布兰纳就成为美国西部数一数二的富豪。

如果将美国西部淘金热比喻成一个快速增长的市场，那么一个个淘金者就是潜在的消费者。淘金是淘金者的核心需求，但在此之外，他们还拥有其他的需求。这些需求组合在一起，构成了一个完整的商业生态。

从最初两三个人秘密淘金，到全民淘金，再到全世界淘金，整个商业生态系统如同生命系统的进化一般，经历了从简单到复杂、从低级到高级的发展过程。这要求经营者从一个更宏观的视角来考虑问题。

美国学者詹姆斯·弗·穆尔在《竞争的衰亡——商业生态系统时代的领导与战略》一书中，首次提出"商业生态系统"的概念。他认为，企业、消费者、分销商、供应商、利益相关者甚至竞争者，共同构建了一个价值链。价值链上的各个环节是利益共生的关系，而不是你死我活的零和竞争。

随着互联网技术的不断变革，所有行业都在被颠覆与重构，行业间的物理边界正在消失。用户的需求不仅仅聚焦于单一产品，其需求更加多样化且迅速迭代，这对生产关系带来挑战。

过去，一个品牌追求的是在细分市场做到极致，现在，更多品牌之间开始谋求联合，去构建一个用户价值的高地。在新的阶段，品牌竞争已演变成生态系统的竞争，品牌管理者必须摒弃"以我为中心"的模式，围绕用户的需求，形成一种开放式的创新。

苹果手机在全球范围内的成功，iOS 系统功不可没。iOS 系统帮助苹果构建了一个庞大、完善的生态系统，它不仅包括千百万的技术开发者，还包括无数的移动互联网创业者。苹果公司吸引他们的法宝是开放，并且给予其70%的分成。

和iOS、安卓最大的不同是华为的鸿蒙系统面向万物互联。过去5年间，华为已经与1000多个行业伙伴，合作了4000多件智能单品，共同构建了繁荣的硬件生态，在家电、汽车等多个行业拥有了重量级的生态合作伙伴。

根据詹姆斯·弗·穆尔的观点，建立商业生态圈，要经过开拓、扩展、领导、更新的步骤。在开拓阶段，品牌要汇集各种能力创造关键的产品；在扩展阶段，品牌要不断进行资源整合，在各种协作关系中建立核心圈子；在领导阶段，品牌要为整个生态系统做出贡献，建立权威性；在更新阶段，品牌必须通过新思维、新方法，来延续生态系统的竞争。

卡萨帝在高端品牌上有如此卓越的表现，得益于它一如既往地围绕场景进行生态布局。在海尔集团董事长、卡萨帝创始人张瑞敏看来，行业会被生态覆盖，个性化、场景化的体验将取代某个产品的功能。例如，人们过去装修房子，缺什么材料就买什么。但现在，人们希望家居企业能提供从装修到家具定制甚至到家电的一揽子解决方案。人们的需求不再是单一的瓷砖、电线、家具、彩电，而是一个基于场景的个性化解决方案。

因此，想要满足用户的这一需求，就必须快速响应，跨界联合各个行业的资源与力量，组织生态系统的各个成员，一起根据用户的需求提供一个场景解决方案。唯有如此，才能形成他人无法模仿的核心竞争力。在泛家居行业，整装定制快速崛起，成品家具日渐衰退，就是这个道理。

在过去，搞装修的与卖成品沙发的、卖成品柜子的，构不成竞争关系。但是现在，一个整装公司，就能决定卖成品沙发、成品柜子的企业的销量。这是因为整装公司的设计师提供的解决方案，能左右消费者的选择。

纽约大学教授詹姆斯·卡斯在《有限与无限的游戏：一个哲学家眼中的竞技世界》中强调，这个世界存在两种游戏，一种是有限的游戏，一种是无限的游戏。有限游戏的目的在于赢，是有边界的，有明确的开始和结束；无限游戏则没有边界，其目的是获得生命更长的延续和自控力。

当今的品牌竞争，正陷入一个无边界的无限游戏之中。用户的需求是没有边界的，但具有延续性与迭代性，高端品牌可以在这场围绕用户需求而展开的无限游戏中构建生态系统，延续生命力、强化竞争力。

我们看到，以前只做橱柜的企业，现在做全屋定制家具；以前只卖沙发的企业，现在也做全屋定制家具。全屋定制为什么这么吃香？是因为它的核心竞争力之一是大量的家居设计师，这些家居设计师扮演了承接消费者需求"入口"的角色。一旦掌握了这个"入口"，就掌握了对消费者购买决策施加影响的话语权。

围绕精装房的包括各类家居品牌、装修公司、设计公司、社区物业、地产商等,将形成一个筑家新生态,谁能在这个生态里打造出核心竞争力,谁就能赢得未来。

生态的概念听起来挺复杂,简而言之就是"找到你的朋友圈"。这个"朋友圈"不仅仅能形成产业协同,甚至在情感、文化乃至精神领域有着较强的共鸣。

高端品牌是如何炼成的

看清全球高端品牌背后的六大法则

| 第六章 |

增长法则

6

第一节　数字战略

瞄准 Z 世代

随着 Z 世代（1995～2009 年出生的年轻人）走向舞台中央，当下的中国高端消费处在一个前所未有的代际转换之中。在中国，Z 世代总人数约为 2.6 亿。

Z 世代是独一无二的一代，是真正的"网生一代"，是"互联网原住民"。Z 世代每天花费大量时间在刷屏上，习惯通过网络分享生活与工作，是互联网语境的塑造者。

Z 世代正在成为改变甚至颠覆高端品牌的关键力量。波士顿咨询公司与腾讯合作发布的《2020 中国奢侈品市场消费者数字行为洞察》报告显示，30 岁以下的奢侈品消费者占比超 50%，对奢侈品零售额贡献 47%。有媒体预测，到 2025 年，千禧一代和 Z 世代将占全球个人奢侈品市场的 45%。

这个庞大的新兴群体与社交媒体、移动互联网共同成长，消费观和新中产大相径庭。二三十年前，穿着奢侈品的人向人们传达有钱、有身份的信息，但现在，Z 世代却在表达自我，成为最好的自己。

Z世代是一个充满活力、拥有无限可能的新型消费者群体，他们对高端商品的喜好已发生了翻天覆地的变化。对于Z世代来说，高端时尚品牌不再单纯是身份、身价或者品位的象征，而是一种社交资本和入圈的硬通货，如此便能快速提升线上线下的话语权。在Z世代的带动下，一批新锐高端品牌走上舞台，成为中国消费经济中的一抹亮色：喜茶门店排起长队，几十块一只的钟薛高雪糕被疯抢。

　　近两年来，奢侈品趋向潮牌化。这一趋势与街头文化的兴起有关。2017年，《中国有嘻哈》节目热播，掀起嘻哈文化、街头文化的热潮，由此催生了一个规模高达数千亿的嘻哈生意。街头文化影响了高端品牌的时尚风向，为了取悦年轻人，一些品牌甚至颠覆传统，改头换面。

　　2018年，路易威登聘请黑人设计师、街头艺术家维吉尔·阿布洛（Virgil Abloh）为男装设计总监，推出了"充气"马甲、玩偶棒球外套等一系列爆款产品。此后，全球顶级高端品牌拥抱街头文化已成一股风潮。纪梵希大胆起用街头艺术家为艺术总监，迪奥男装的2022春夏发布会灵感来自说唱歌手特拉维斯·斯科特（Travis Scott）的独立厂牌"仙人掌杰克"。贝恩、Altagamma等多个机构的研究数据表明，街头文化推动了奢侈品市场的动态增长，而且这种趋势已经成为主流。

　　想要俘获Z世代，就要知道他们聚集在哪里。在网络科技的迅猛发展下，Z世代对社交媒体的重度依赖愈发明显。在无法举办大规模线下活动的后疫情时代，转战社交媒体似乎成为大部分高端品牌的重要出路。像抖音、B站、小红书这种汇聚了大量年轻人的社交平台，已成为高端品牌实现年轻化革新的新阵地。以迪奥、古驰为代表的全球顶级高端品牌纷纷入驻抖音、B站，高端品牌希望通过这些平台与年轻人进行深入沟通，建立更加紧密的情感连接。

不过，在积极拥抱年轻人的同时，高端品牌应该注意另一个潜在的风险。高端品牌的魅力在于它与生俱来的"稀缺性"和"神秘感"，虽然吸引Z世代已成为一个必要的战略选择，但如果高端品牌越来越多地谈论"街头"语言，就有可能失去不理解它的核心客户——你拥抱这一部分人群的同时，意味着你也可能失去另一部分人群。

品牌的年轻化是一个系统工程。品牌在全面拥抱年轻人的同时，必须考虑对主流消费群体的影响。平衡好年轻消费者与核心消费者之间的关系，已成为一个现实的挑战。为了保持品牌的调性，有的品牌甚至注销了社交媒体账号。

2021年1月初，意大利奢侈品牌葆蝶家（Bottega Veneta）突然注销其Instagram、Facebook和Twitter账号，让很多人深感震惊。葆蝶家前创意总监丹尼尔·李（Daniel Lee）表示："我不太喜欢数字化的呈现，如果每个人所见的东西都一样，这是不健康和低成效的，将有损个性。"

的确，既要取悦年轻人，又要取悦核心人群，这并不容易。在品牌战略上保持定力，在营销策略上保持灵活性，可能是一个相对稳妥的方式。我们根据一些高端品牌的营销实践，归纳了常见的营销策略。

其中一个常见的营销策略是开发风格年轻的产品。

有一些高端品牌推出了专门针对年轻人的母子品牌，例如慕思旗下有很多以"慕思·×××"形式出现的子品牌；有一些高端品牌推出了全新的子品牌，完全独立发展，如华为的荣耀等；还有一些高端品牌则推出了一个产品系列，例如特斯拉的 Model 系列产品等。

到底哪种策略更好？不能一概而论，很多品牌都是综合运用多种策略。华为手机旗下既有高端的 P 系列、Mate 系列，也有针对年轻人的 Nova 系列，同时也有一个针对年轻人的手机品牌荣耀。

此外，不少品牌为了吸引年轻人推出一些概念化的产品，也许这些产品的销量并不大，有的只是用于展览、走秀，但这些概念化的产品却具有不同寻常的意义，释放了"取悦年轻人"的强烈信号，让 Z 世代感受到了品牌的召唤。例如，堪比"文化遗产"的街机文化，经常出现在各类奢侈品品牌中，例如 Nicholas Kirkwood 的"吃豆人鞋"，香奈儿的 LED 灯鞋。

另一个常见的策略是，与年轻的明星、设计师、文化名人进行联合营销。

与理性的中产阶级不同，Z 世代的消费观更加感性。在粉丝经济时代，由于流量明星对 Z 世代消费者具有强大的号召力，不少高端品牌倾向于与当下的流量名人合作，从而影响年轻消费者的决策。

有些高端品牌与流量明星联合设计一些产品，甚至联合创办一个独立的子品牌。品牌与流量明星的合作方式多种多样，不一而足，最终的目的只有一个，那便是运用流量明星的影响力与号召力，建立与年轻消费者的情感联系，影响他们的消费决策。

此外，社会化营销也是高端品牌常用的策略之一。

路易威登创始人 200 周年诞辰并没有举办"大庆"晚宴和聚会，反而推出了一款名为 LOUIS THE GAME 的免费手游，玩家可以在游戏中体会到路易威登的精神传承，解锁路易威登历史中的各个标志性时刻。

2021 年 2 月 8 日，茅台在微信公众号中发布了一支"上头神曲"——《Oh It's Moutai》。除了中国风、国潮之外，这首神曲还融入了说唱、摇滚、方言等年轻化、国际化元素，茅台不仅用这种年轻化的方式表达品牌价值，还试图吸引全球年轻用户的好感。

世界顶级珠宝品牌宝格丽曾联合天天 P 图软件，将 Serpenti 系列眼镜当作 P 图的素材，用户的自拍照片可以用这款新品眼镜来 P 图。这款素材仅仅上线三天，就有超过百万人用它来

P 图。

慕思曾一口气推出《床上关系》《一睡成名》《艳遇》三部微电影，分别从不同角度诠释了其一直提倡的"健康睡眠"理念，在年轻人心中引起了强烈的反响。

为了迎合年轻人，一些高端品牌对实体零售店进行了改造。

由于 Z 世代习惯了网上购物，而且注意力稀缺，很难专注于一件事，这就要求线下门店要提供令人兴奋的新鲜体验，帮助年轻人展示不一样的个性并提供社交货币。2021 年蒂芙尼推出了针对 Z 世代的新零售店，店里不仅有定制酒吧、咖啡馆、香水自动售货机、可拍照的墙壁，还配有私人定制吧台，客户可在该吧台为已选购好的商品加入自己专属的设计元素。结果证明，新零售店相当受年轻人的欢迎。

全面数字化

高端品牌在面对数字化发展的态度上一直都很微妙，他们始终担心互联网会让品牌曝光过度，使辛苦经营的高端形象贬值。古驰 CEO 马可·比扎里曾警告，有些品牌不需要过分将精力投入数字领域，因为到了一定阶段，他们可能因此失去自身的独特性、失去品牌的锋芒和价值，最终会遭到重创。

然而，当下的消费者，尤其 Z 世代，在获取品牌信息时越来越依赖数字化平台。年轻消费者的倒逼，再加上新冠肺炎疫情的影响，高端品牌不得不重新审视数字化。

根据 AIPL 模型，消费者旅程分为四个阶段：认知（Awareness）、兴趣（Interest）、购买（Purchase）与忠诚（Loyalty）。现在，越来越多的高端品牌将购买之前的营销环节转向线上。

无论是内容平台、社交网络、搜索引擎、短视频直播，都能在认知、兴趣这两个环节上扩大品牌的线上影响力，为品牌开拓不同地域、不同年龄段、不同消费习惯的新客群。

LVMH 将 Apple Music 项目负责人挖了过来，出任首席数码官；古驰入驻抖音，发布了两位皮草老太太的尬舞；博柏利搞了网络直播时装秀；普拉达把网站变成了数码博物馆；蒂芙尼在小红书开了 520 快闪店。这些曾经对数字化并不感冒的巨头们，正在积极拥抱数字营销。

当下的年轻人，上 B 站，刷抖音，玩直播，看小红书，已成为一种生活方式。要迅速抓住年轻人的眼球，在年轻人心智中占有一席之地，就必须与他们的生活方式强关联。而数字化营销是成本最低、效率最高的方式。

大多数顶级高端品牌已经有了强大的 CRM 系统，这些系统大多聚焦于交易或售后服务的数据。如今，在数字化营销层面，这些高端品牌终于向前迈出了重要的一步。

与古驰、路易威登等顶级高端品牌不同的是，国内大多数高端品牌非常愿意在数字化营销上一掷千金，但大多不愿意在数字化管理上多花一分钱。这是因为数字化营销直接促进业绩增长,而数字化管理需要时间沉淀,才能显现出效果。

实际上,前端营销的数字化与后端管理的数字化是不可分割的整体,增效降本,紧密关联。在国内众多高端品牌中,茅台与慕思是为数不多将数字化上升到战略高度的两个品牌。

早在2017年,"智慧茅台"作为一个全新的概念战略跃入公众视野。在2018年7月的一次专项研讨会上,茅台的领导人就坦承:"茅台是一家典型的传统企业,我们的信息化水平与品牌影响力并不相符。"后来,茅台制定了"智慧茅台"战略,希望通过该战略将茅台打造成传统实体经济发展转型样本。

2020年8月28日,茅台集团"智慧茅台"建设启动大会召开,中国IT行业的巨头如华为、阿里巴巴、浪潮集团、中兴通讯、网易的副总裁级别高管专程与会,表达对茅台数字化转型的支持。

"智慧茅台"战略启动后,茅台很快推出了一物一码技术,将生产、流通、营销环节的数据打通,进行全产业链的质量控制,每一瓶茅台酒都有自己的专属身份标签,扫码即可防伪溯源、参与营销互动,进行渠道激励和防窜监管。

茅台酒的生产工艺非常传统且复杂,很大程度上依赖酿酒师的个人经验。"智慧茅台"的生产数据采集系统,不仅实现了酿酒流程的数据化回溯管理,为酿酒师提供决策依据,而且实现了对有机高粱的种植、收储的全程信息化管理。此前,15.6

万名农户拿到粮款需要等待三个月甚至更长的周期,现在周期大大缩短,快则三天,最慢两周。

老品牌焕新,本质上是通过数字化的方式,对品牌进行去芜存菁、再创造的过程。以文化为根,以数字化为干,茅台在坚守与创新之间,走出了一条自己的路。

茅台的数字化侧重于市场管理与生产管理,慕思的数字化则在于如何利用工业 4.0 来实现柔性化生产。

慕思的核心业务模式是个性化定制健康睡眠系统,对慕思来说,最大的挑战是如何将个性化的私人定制,做到规模、成本、效率的最优化。因此,构建一个数字化工厂是必不可少的。

2017 年,慕思发力工业 4.0 工厂,在东莞建设占地 320 亩的工业 4.0 基地。2018 年,慕思正式启动数字化工厂项目,核心主体包括两座数字化工厂、一座成品自动化物流中心以及相关供应链管理系统。

慕思建立数字化工厂的目的是打造以客户为中心的按需定制模式(C2M),实现传统业务模式向智慧工厂业务模式转型。为此,慕思投入了数亿元,邀请众多国际知名企业为慕思工业4.0 提供服务。这份服务名单堪称豪华:信息系统由德国舒乐公司、德国豪迈集团、美国 IBM 公司等世界知名企业提供;供应链生产线上的设备由美国、德国、瑞士、法国等多个国家的八家公司提供;而现场管理方案则是由日本专业团队提供服务。

在数字化工厂里,每件产品都有自己的数据信息,这些数据信息贯穿研发、生产、物流的各个环节，实时保存在数据平台中。基于这些数据以及贯穿产业链各环节的大数据系统，工厂的运行实现了无缝的信息互联。例如，生产过程信息能做到完全透明、随调随看；生产计划的执行情况、当前生产品质的情况、设备的运行状态都能直接反馈到数据输出设备上。

在慕思的数字化工厂，只需提前编好程序，智能化设备就能自动裁剪，并且自动躲避物料上的疤痕，实现利用率最大化。除此之外，床架的切割、螺母的装订、床垫的围边、面料的绣花等多项工序都在慕思工业4.0生产系统中得以优化。

工业4.0给慕思带来的好处显而易见。在十几年前，限于制造工艺，慕思第一代睡眠系统的价格需要100多万元。进行工业4.0改造后，2019年，慕思睡眠系统T9的价格降至7万元，到2020年8月，慕思新一代睡眠系统T10只需3万元。

2020年年初，因为新冠肺炎疫情许多寝具企业不得不停工生产，但慕思的工业4.0工厂实现了无人化生产制造，3月份当月就完成了15万以上的产品订单，保障了慕思在特殊时期的产能供应。

从短期来看，投建一个智能化、数字化、柔性化的工业4.0工厂，投入巨大，但将时间拉长到一个维度，这恰恰能成为慕思有别于其他寝具企业的核心竞争力之一，帮助慕思建立护城河。

在相当长的时间里，中国寝具行业的生产制造基本停留在手工时代，而慕思的工业4.0工厂融合了多个国家最顶尖的技术，将整个行业的制造水平提升至国际顶尖水平。

彼得·德鲁克曾说过："管理就是降低成本，提高效率。"过去，中国制造业是低端制造业，大部分的中国工厂只是简单地代工，品牌、设计、工艺、流程等核心部分仍然掌握在外国人手中。

目前，全球经济进入新常态，工业4.0已成为决胜未来的关键要素之一。基于智能化、数字化的工业互联网成为中国制造业转型升级的重要推手。

随着信息技术的不断进步，尤其是5G技术的快速发展，高度智能化的工厂已经成为现实。近年来，中国诞生了越来越多的"黑灯工厂"（指熄灯生产、无人干涉的自动化工厂），在很大程度上改变了人们对中国制造的固有认知。

中国制造的崛起，正在逐渐抹平西方发达国家制造业的优势。茅台与慕思的成功表明，在先进制造业的基础上，中国品牌有能力向高端价值链跃迁。

第二节　品牌延伸

梦想价值原则

翻开经典营销理论的著作，你会发现，几乎所有的理论都在告诉你，专注是品牌实现快速增长的法则。品牌应专注某个品类，并成为某个品类的品类王，就像茅台专注白酒，轩尼诗专注干邑葡萄酒一样。如果跨品类延伸，就很可能稀释品牌价值，对品牌造成长期的伤害。

在主导业务成长空间有限时，大多数人将目光瞄准了新兴的领域，而只有少部分人考虑如何将既有的业务"水平"延伸。在菲利普·科特勒看来，瞄准外部市场的机会并不是一味追求新兴的高利润行业，而是在原有业务和既有优势的基础上进行延伸，如果跳脱了这个框架，便不是"水平营销"，而成了"冒险游戏"。

如果你的品牌是大众品牌，仍处初创阶段，专业化几乎是你唯一的选择。很多人认为自己的品牌已经有足够的知名度和市场号召力，用在新产品上自然也是如此，于是，一大堆不相干的产品都贴上了同一个品牌标签。这种恶意透支品牌资产的做法，很容易让企业陷入万劫不复的深渊中。以防脱洗发水起家的霸王集团曾推出的一款霸王凉茶，昙花一现之后彻底消失。

新业务与核心业务协同程度越高，那么品牌延伸的成功性就越高。如果业务之间的关联度高，那么就能共享技术、共享生产能力、共享营销渠道甚至共享消费群体。

包括路易威登、香奈儿、爱马仕、芬迪、卡地亚、阿玛尼在内，都在做品牌延伸的事，这些品牌横跨多个品类，而且经营得非常出色。例如路易威登横跨珠宝、服饰、箱包、腕表、香水等多个领域，卡地亚将业务从珠宝拓展至手表、钢笔、箱包等领域，这些品牌的延伸边界非常大，而且横跨多个行业，宛如一个帝国。

高端品牌代表品位、地位与梦想。因此，高端品牌的延伸必须坚持梦想价值原则。梦想价值的驱动力如此强大，以至于人们往往会忽略它的品类属性。品牌的梦想价值越高，品牌延伸跨度弹性越大。当你的品牌像爱马仕一样，无人不知、无人不晓、令人仰望的时候，跨品类延伸的成功可能性更大。只要保持品牌核心价值的连续性与一致性，品牌延伸就存在相应的合理性。

如果新进入的领域会削减品牌的梦想价值，那么请你马上停止。高端品牌容易犯的一个错误是授权泛滥，这种躺在品牌资产上吃老本的做法，会对品牌造成不可估量的损失。

20世纪70年代，古驰从授权中尝到了甜头。到了80年代，古驰在全球范围内大肆授权，产品品种一度超过2.2万种。从服饰到包包、帆布袋、饰品，从威士忌到烟嘴、文具，古驰的名字出现在五花八门的产品上。

彼时，古驰成为一家"躺赚"的公司，只靠授权就能赚取大把的利润。那时古驰最畅销的是一种印有双G图案的帆布产品，这些产品不仅成本低，而且卖不出好价钱。过度的授权，让古驰不断消耗其梦想价值，最终的结果是，古驰的品牌形象一落千丈，从"万人迷"变成"万人嫌"。1994年，德·索雷（De Sole）成为古驰新一任CEO，他上台的第一件事就是控制授权数量，赎回特许经营权，把销售权回收到总部。在一系列调整和努力下，古驰才逐渐恢复元气。

艾·里斯在《品牌22律》一书中谈到："你应该限制你的品牌，这是打造品牌的根本。"市场随时在发生变化，但品牌不能随时改变。"创建品牌是很枯燥的事情。最有效的方法就是保持品牌绝对的长期稳定性。品牌可以根据市场变化对策略进行微调，但绝不能在核心价值上变来变去。"他认为，保持克制性与品牌的连贯性，是建设品牌的关键所在。

对高端品牌来说，品牌价值与梦想价值紧密相关。消费者心中的那个梦是你的品牌根基，如果你连消费者的梦也要改变，那么你的品牌根基就会荡然无存。梦想价值不是一天两天就能实现的，它需要数年甚至数十年的时间来积累。

我们时常听到，顾客永远是对的。打造品牌，真的要遵循这个原则吗？

如前所述，打造高端品牌的路径与大众品牌非常不同。像宝洁这样的大众品牌，迎合并满足消费者的需求，至关重要。但对像爱马仕这样的高端品牌来说，仅仅迎合消费者是不够的，还必须超越与引领。

人的性格具有高度稳定性，品牌风格如同人的性格，也应如此。保持品牌风格的连续性与一致性，是一项基础功课。

就像苹果公司一样，不管当下的潮流热点是什么，苹果公司始终保持着克制的距离。当其他手机品牌都在请当下风头最劲的明星做代言人的时候，苹果公司却没有落入俗套。苹果公司广告里没有明星，只有热爱生活的人。苹果公司从不在广告里堆数据，但用户隔着屏幕都能感受浓浓的人文关怀。设计语言也好，创意风格也好，拍摄手法也好，都无一不带着强烈的苹果公司味道，即便隐掉 logo，你也能猜得出它就是苹果公司的广告。

特斯拉从 2003 年创办至今，它推出的所有车型，外观特征、内饰风格都有着高度的一致性。无数人吐槽，其内饰风格不是"极简"，而是"极简陋"，但特斯拉依然我行我素，完全没有要改变的迹象。特斯拉清醒地认识到，这样的风格，肯定有人喜欢，也肯定有人不喜欢。如果迎合不喜欢它的人去改变，岂不是把喜欢它的人推向了对立面？为死忠粉保持个性，还是为非车主改变风格,这样的选择题并不难做。

世界上的长青品牌,从来不会为迎合潮流而改变风格。爱马仕的经典款包包,数十年来款式没有明显的变化。爱马仕的风格是如此强烈,提着爱马仕包包出门,不用担心别人将它误认为香奈儿或者古驰。

品牌风格不是孤立存在的。消费者需要通过全方位的体验,才能感受到品牌风格的存在。

《顾客体验品牌化》一书的作者肖恩·史密斯(Shaun Smith)和乔·惠勒(Joe Wheeler)强调:品牌表现的一致性是促使消费者形成和积累品牌体验,并且最终成为品牌忠实顾客的首要因素。

在两位作者设计的品牌体验模型中,品牌体验过程被分成四个阶段:最初,消费者通过广告或者其他渠道随机接收到新品牌的信息,形成随机品牌体验;然后,在随机品牌体验的基础上,消费者会在之后与品牌交互的过程中期待获得一致的品牌体验,品牌体验的一致性需要通过品牌核心价值、品牌行为以及品牌视觉形象的一致性来表现;之后,随着消费者对品牌性格、品牌独特性以及品牌价值的进一步了解,完整统一的品牌体验使消费者步入品牌体验的终极阶段;最终,成为品牌的忠实顾客。

其中,品牌表现的一致性,对品牌体验起着至关重要的作用。品牌要持之以恒地坚持用同一个声音、同一类设计、同一种体验与消费者进行沟通，不要轻易改变它们。

在消费者的心智中占有一席之地需要经年累月之功，但毁掉它，几天就够了。改变品牌风格会导致消费者心智认知断层，这需要重建品牌认知，也就是说等于重新再来一遍，过去的一切都将付之东流。更重要的是，认知的模糊会让消费者感到困惑，继而轻易就忘掉品牌的风格。尤其是在人人皆媒体的当下，品牌风格、梦想价值的每一个变化都会引发蝴蝶效应，最后可能成为一场不可控制的大风暴。

因此，品牌延伸是以不改变品牌风格、不降低梦想价值为前提的。强调品牌一致性，不是约束创新，相反是鼓励一切"不伤害品牌长期价值"的创新。每一个品牌都有关键特征和次要特征。关键特征是品牌赖以生存的根基，需要简单、清晰、明确、直接、强有力地表达；而次要特征，则可以根据市场环境的变化进行适度创新。

金字塔模式与星系模式

过去，可能在数年内就可以快速打造一个大众品牌。当下，在媒体日渐碎片化、用户注意力高度分散的背景下，短期内打造一个成功品牌的代价极为昂贵。有人曾做过统计，在美国部分消费品市场，打造一个成功的新消费品牌，费用大约在8千万美元至15亿美元之间。创造一个全新的品牌代价太大、周期太长，因此，品牌延伸几乎成为一个必然的战略选择。

和大众品牌相比，高端品牌速成的代价更大，花费的时间更长。高端品牌通常是时间的朋友，打造高端品牌需要长时期的培育和浸润，周期可能是十几年，甚至数十年。因此，如何运用品牌的强大影响力推出新的产品，以占领更大的市场、获取更多的收益，成为品牌方一项重要的课题。

大多数高端品牌都是从单一品牌、单一品类开始，在不断壮大的过程中会逐步增加不同档次的产品线，甚至会扩展产品品类、创建子品牌。

十多年来，特斯拉推出了 Model S、Model 3、Model X、Model Y 等多款车型，甚至推出了一款极具科幻感的皮卡 Cybertruck，价格从二十多万元到一百多万元不等。苹果的产品更加丰富，iMac、iPod、iPad、iPhone、Apple Watch 以及家居产品，每一个产品类别都涵盖了若干个型号。如果仔细研究特斯拉和苹果在品牌延伸上的特点，我们可以发现两者的品牌延伸模式有很大的不同，前者是典型的垂直延伸模式，而后者则是典型的水平延伸模式。

垂直延伸模式，又称金字塔模式。在该模式下，高端品牌通过向上、向下延伸的方式来拓展市场，吸引更多的消费者。向上延伸，提升梦想价值，塑造品牌魅力；向下延伸，降低绝对价格，扩大销售基数。由上及下，建立一个类似于金字塔的品牌延伸模型。

向上延伸，是大众品牌走向高端市场通常采用的品牌延伸方式。一些知名的大众品牌，为了提升品牌资产价值、改善品牌形象，通过这种方式来进行品牌延伸。一个典型的例子是华为手机，最初华为主打运营商的定制手机，走的是低端市场路线，后来华为不断加大高端产品的投放力度，P系列、Mate系列的成功奠定了华为在高端市场上的地位。

在推出P系列、Mate系列手机之初，华为加大了研发投入和营销投入，从短期上看是投入大于产出，但从长期来看，华为这一策略使华为手机的品牌形象得到了极大的改善，华为成为中国高端手机的代名词。

这样的案例数不胜数，日本的汽车、摩托车、电视机企业多采用这种方式来进行品牌延伸。例如，丰田汽车曾推出一款专为日本皇室成员、商界大亨打造的轿车丰田世纪，售价高达5250万日元，有"日本劳斯莱斯"的美誉。这款车的象征意义巨大，是丰田精益生产理念的最佳诠释。

向下延伸，则是许多顶级高端品牌采取的品牌策略。它们把极具艺术化、风格化的产品放在塔尖的位置，这些产品虽然销量小，甚至不盈利，却能放大品牌的梦想价值。例如特斯拉最早期推出的Roadster Ⅱ（创始人版），售价高达25万美金，它的销量极其有限，但却是特斯拉极客精神的极致表现。

金字塔模式的底部则是定价较低、受众较广、销量较大的产品，例如特斯拉的Model 3。利用高端品牌的声誉推出价位较低的产品是一个双赢之举：对消费者来说，降低了获得品牌梦想价值的门槛；对特斯拉来说，则大幅度提高了市场占有率。

特斯拉在这一策略的运用上可谓炉火纯青，经过多年的市场培育，特斯拉树立了电动汽车第一高端品牌的形象。当越来越多的中国造车新势力进入市场时，特斯拉推出低价位的Model 3，给了对手强有力的打击，一举奠定了市场的霸主地位。由于特斯拉的策略是由上自下、循序渐进而来，这无损特斯拉一贯的高端形象，反而给人以亲切之感，可谓一举多得。

在汽车行业，类似的案例很多。例如奔驰有百万级以上的迈巴赫车型，也推出了十五万左右的A级车，宝马、奥迪也采取了同样的策略。

国产高端汽车品牌红旗也是如此。最早它以礼宾车的形象出现在人们的视野中，具有特殊的意义。由于红旗轿车的价格太过昂贵，销量一直不佳，甚至一度陷入困境。后来，红旗换帅之后，推出了H5、HS5等15万级别的车型，红旗的销量节节攀升。此后红旗趁热打铁，推出价格相对较高的H7、HS7以及H9、HS9等车型，重新夺回了高端市场的份额。

看起来，向下延伸的策略并不复杂，营销成本不高，但实际上，其蕴含的风险比向上延伸大很多。最大的风险是对品牌梦想价值的影响，一旦对其造成伤害，就会产生非常严重的后果。

在中国高端白酒市场中，五粮液的品牌价值、市场销量曾一度高过茅台，为了吃下低端白酒的市场份额，五粮液推出了"五粮醇""五粮春""五粮王"等一系列低端白酒，虽然这些低端白酒的销量非常大，但对五粮液的高端白酒品牌形象造成了严重的伤害，最后五粮液不得已之下"舍弃"了这些低档品牌。

水平延伸模式，即中心延伸模式，又称星系模式。在该模式下，品牌围绕一个中心（母品牌）进行水平延伸，以子品牌的方式拓展到更多的领域，所有的子品牌都是平等的，品牌理念与风格贯穿其中。母品牌强调梦想价值，子品牌突出产品个性，两者完美结合就形成了品牌星系，就像苹果的 iPhone、iPad 等产品一样。

iPhone 4 重新定义了手机，开创了智能手机的新纪元，但消费者对 iPhone 4 的追捧，主要是对苹果品牌的信赖。作为全球消费电子的领导品牌，苹果在电脑、音乐播放器等领域声名斐然，其创新精神早已深入人心。如果没有苹果这个主品牌，仅推广 iPhone 这个子品牌，困难要大许多。一个新的手机品牌要让消费者广为认可，没有大规模的广告投入是不可能的。

除了强化母品牌的梦想价值外，子品牌则应形象地表达出产品的属性与优点，iPhone 从名字上就能看出它的品类属性——手机，它与 iPod、iMac 等苹果家族产品一脉相承，能快速地拉近与消费者的距离。

在市场推广中，苹果 iPhone 的母子品牌组合，既有效促进了手机产品的销售，又突破了早期"苹果等于电脑"的品类认知。即使有一天苹果推出汽车产品 iCar，人们也不感到奇怪，因为在人们的心目中，苹果早已不是电脑、手机等某个品类的代言词，而是一种信仰、一个梦想、一种生活方式。

很多顶级高端品牌，和苹果一样采用星系模式做品牌延伸。例如拉夫·劳伦，由于其经营领域涉及高级成衣、配饰、香水、化妆品、家具、绘画、咖啡屋、饭店等多个领域，所以它采取的是策略是将拉夫·劳伦分割为高度连贯的子品牌，每个子品牌适应不同场合。无论哪个子品牌，在品牌理念与风格上，都与母品牌保持了高度的一致性。

再比如，阿玛尼（Armani）旗下有一系列子品牌，业务涵盖服装、香水、美容产品、眼镜、腕表等多个领域。其中，Giorgio Armani 与 Emporio Armani 是核心品牌，在全球范围内设有专卖店。这些子品牌并没有相互内耗，也没有对阿玛尼的梦想价值造成伤害，不管是产品理念还是客户沟通，阿玛尼都保持着高度统一。家族式的集中管理也确保了用户体验的连续性与一致性。

由于睡眠产品的消费者在年龄、性别上的跨度非常大，慕思同样采取了星系模式来进行品牌延伸。慕思涵盖寝具全品类产品，拥有慕思经典（包含慕思·歌蒂娅、慕思·凯奇、慕思·0769、慕思·3D）、慕思·国际、慕思·儿童、慕思·助眠、慕思·家纺、DeRUCCI HOME、慕思·苏斯、慕思·今晚等子品牌，它们围绕慕思母品牌形成了一个庞大的星系，涵盖包括床垫、床架、排骨架、助眠产品、枕头、家纺、沙发等在内的多个产品品类。

其中，母品牌慕思作为精神主体，承担了传递品牌理念的重任；而子品牌和独立品牌作为业务主体，承担了市场拓展的重任。慕思是主驱动力，各子品牌和独立品牌是辅驱动力，两者相互配合，构成了一个完整的品牌图谱。

在慕思的品牌矩阵里，每一个品牌都有着自己的使命，通过全线布局实现了全品类、全年龄、全性别、全价格覆盖，构筑了一道360度无死角的竞争防线。看起来，横跨多个产品品类，可能会模糊客户对慕思的品牌认知，但事实上没有，原因在于慕思的梦想价值足够强大，而且它所有的品牌宣传资源都在突出母品牌的梦想价值。此外，由于顾客的产品体验都是在慕思的专卖店里完成的，这确保了慕思每一款产品带给顾客的体验感是一致的，这与阿玛尼有点类似。

第三节　国际化

走向世界的重要挑战

有经济学家曾提过一个建议:"茅台酒是未来中国最有可能走向世界的奢侈品牌之一,以后在国外的售价可以考虑是国内的 2 倍,不仅茅台应该走高端奢侈品定位,中国应该多出几个自主品牌去抢占全球奢侈品市场。"

站在全球价值链的最高端,是每一个中国品牌的梦想,纵观全球,很少有中国品牌靠走高端路线取得成功。不少中国家电品牌较早地实现了出海,但绝大多数是以"物美价廉"的形象,"以规模换利润"的方式来实现的。

西方人对中国制造"物美价廉"有着根深蒂固的认知,对中国企业的"Copy to China"有着非常不好的印象。然而,华为通过数年的努力,打破了西方人的认知,一步一步树立起了高端品牌形象。

华为手机面临的第一个挑战是建立信任。华为认为,要改变别人的认知,首先要改变的是过去模仿抄袭的方式,在研发上进行突破。为此华为做了两件事:第一件事是建立 36 个全球联合创新中心，14座研究所，真正做到了全球研发；第二件事是将高端产品的全球发布会设在海外，例如享誉全球的P9手机，全球发布会就设在德国，而华为的创新实验室就设在那里。

第二个挑战是品牌定位。以前，华为为了吸引高端人群，曾以"似水流年""君子如兰"等具有情怀的词语作为广告语，后来，华为改变策略，不再走情怀路线，也不再简单地晒性能、列功能，而是以国际化和时尚化的视角，直观清晰地表达产品的价值，例如P9的"瞬间定格世界的角度"，P10的"人像摄影大师"，P20的"AI摄影大师"，P30的"未来影像"，P40的"超感知影像"。华为P系列的高端手机广告语，皆以"影像"为核心诉求。聚焦核心优势，一点打透，持之以恒，华为手机借此在全球市场形成了独特的品牌定位。

第三个挑战是品牌管理。华为面向的是全球市场，各个市场的消费特征都不相同。过去，为了适应本土化的发展，华为将品牌管理的权力下放到当地市场。一款华为手机全球同时发布，在品牌视觉、广告物料上，全球各个市场都是各自为政。同一个产品，在不同国家是完全不同的视觉主题、不同的话术。虽然本土化提高了市场反应速度，但是导致了品牌形象的不一致。后来，华为制定了"全球统一campaign指南"，要求每场发布会都按统一标准执行，改变各个国家市场品牌管理各自为政的局面，让品牌形象、品牌话术统一。这意味着消费者不论去哪个国家，看到的都是一致的品牌形象。

第四个挑战是提升知名度。已故的三星前会长李健熙认为，要让三星品牌家喻户晓，成为世界顶级品牌，TOP 赞助是唯一的一条路。2000 年，三星成为奥运会的 TOP 赞助商，赞助费高达 4000 万美元。再加上持续加码的明星代言人策略，很快，三星在中国市场快速崛起，奠定了其手机霸主地位。

华为的做法与三星有异曲同工之妙，华为选择的是赞助欧洲顶级足球赛事。欧洲有着悠久的球迷文化，以及庞大的球迷群。为了打开欧洲市场，华为赞助了西甲、意甲、德甲、法甲、荷甲、土超、英超等顶级赛事，并与这些联赛的明星球队进行了深入合作。

第五个挑战是连接消费者。要引起消费者共鸣，最直接的方式是聘请代言人。华为的做法是，在当地选择具有国家意识、民族意识的英雄人物作为代言人，与本地消费者进行情感连接。

在东北欧市场，著名足球运动员罗伯特·莱万多夫斯基是华为代言人。17 岁时，莱万多夫斯基在波兰踢球受伤，华沙莱吉亚俱乐部认为他这辈子都完了，于是将他扫地出门，而在此之前，他的父亲刚刚因为心脏病溘然长逝。莱万多夫斯基离开球队后仍然坚持训练，在经历了十年的磨炼后，成为全球最伟大的球星之一。

第六个挑战是文化共鸣。如何将品牌的温度与普通人的情感联系在一起，形成深度共鸣？华为选择的是塑造并传播奋斗者文化。

本土的，才是世界的

和华为的全球化不同，慕思走了一条"以全球化应对全球化"的全新模式。

自成立之初，慕思选择的就是一条与传统制造企业不一样的道路，它的全球化模式是让国外企业为慕思做 OEM，输出自主品牌，同时将自主品牌的产品卖到全球市场上去。

例如慕思的排骨架、凝胶枕、电机等组件源自德国、比利时、意大利等国家，然后由慕思在国内完成组装和生产，最后生产出来的床垫将通过专卖店卖给全球各地的消费者。

为了加强国际化产品的融入，这几年慕思收购了一些国际品牌。比如 2015 年，慕思和法国高端寝具品牌 TRECA 崔佧签订了战略合作协议，共同开发中国市场。

在慕思的全球计划中，供应链资源的整合并非全部，慕思更大的志向在于商业模式与品牌文化的输出。

很多同类品牌进行国际化时会选择入驻大型家居卖场，依赖卖场的人流打开市场。但考虑到卖场品牌混杂，不利于建立高端品牌形象，慕思选择开设自主品牌专营店。通过自主品牌专营店，慕思不仅可以更好地进行经营管理，在品牌塑造和输出的效果上也远胜于进驻卖场。这既有利于塑造高端品牌形象，还能更好地提供健康睡眠体验感和促进健康睡眠文化的推广。

2010 年，慕思正式走出国门，第一站是澳大利亚。在澳大利亚，家居产品的售卖模式跟中国完全不一样。以床垫为例，在家居卖场内，床垫基本都是单品销售，席梦思、金可儿、丝涟等国际大品牌的产品，像超级市场内货架上的产品一样，摆放在同一个区域集中销售。慕思在中国所创造的"健康睡眠系统"概念、专卖店模式，在澳大利亚犹如新物种一般。

为了更好融入当地市场，慕思在门店装修、经营管理上都实行了本土化策略。首先，无论是建筑风格、内部装修，都符合当地人的审美；其次，慕思聘请熟悉当地文化、市场的本土管理经营团队；最后，慕思根据市场特性，调整产品。

慕思的模式对于当地消费者而言是陌生的，慕思的解决办法是通过深度的体验营销改变消费的观念。缺乏知名度和认知度是慕思面临的另一个挑战，慕思通过在当地机场、公交车站大量投放广告，赞助澳网等有影响力的大型赛事，知名度渐渐提升。

刚进入澳大利亚市场时，慕思主要的客群还是当地华人，但从 2015 年开始，消费者数据发生了巨大改变，本地消费群体的购买量占到 70%，并且慕思产品售价还远高于当地的高端家居产品。在澳大利亚的模式成熟之后，慕思再逐步复制到其他国家。经过多年的实践，慕思已经在全球多个国家和地区开设了超过 4200 家专卖店。

相比商业模式输出，品牌文化输出的挑战更大。文化是品牌的内核，如何在全球输出自己的品牌文化，是国际化的一个难点。

健康睡眠，是全人类的共同课题，并不存在信仰、文化、习惯上的鸿沟。这对慕思而言，是一个巨大的机会。从2009年开始，慕思为了推动健康睡眠文化在全球的传播，每年都会启动一次全球睡眠文化之旅，迄今已经坚持了十多年，足迹遍布欧洲、北美洲、澳大利亚等地。慕思的全球化，经历了供应链的全球化、商业模式的全球化、品牌文化的全球化，由表及里，实现了真正的蜕变。

在全球化进程中，本地化是一个十分重要的先决条件。本土的，才是世界的。只有融入当地，才能与当地的消费者打成一片，赢得文化认同，引发情感共鸣。很多品牌在国际化的征途中，会遇到身份的迷失：到底是将自己标榜成中国民族品牌，还是抛弃原产地将自己定位成国际化品牌？

一些出海的品牌带着很强的民族自豪感走出去，但到了当地市场，这种民族色彩并不能打动当地的消费者，甚至被当地消费者打上了"廉价""劣质"的标签。其中部分原因来自当地消费者的偏见，部分原因来自一些中国企业在全球化竞争中长期对品质的漠视。

在哪座山上，唱哪支歌。中国品牌要在欧美发达国家走向高端，必须融入当地。任正非说："哪怕不买我的东西、在那儿落难三年，也要和顾客接触，收集顾客信息。"华为在海外市场的高端之路，与它在初期开拓国际市场时和当地顾客深度沟通是分不开的。了解当地消费者的喜好,当地消费者如何定义高端品牌,这些都是重要的考量。

在这一点上,沃尔沃树立了一个榜样。吉利收购沃尔沃后,给了沃尔沃极大的自主权,其北欧豪华品牌形象与身段并没有降低。在吉利本地化策略的支持下,沃尔沃十年全球销量增长一倍,中国市场销量更是翻了五倍,稳居二线豪华品牌前列。

一些在国外不那么高端的品牌,进入中国市场经过一番运作之后,俨然成为中国人心目中的高端品牌,其诀窍就是成功的本土化打造。同样地,中国品牌走向海外,也应该深入了解当地的风土人情和文化习惯。

高端品牌的打造,从来都不仅仅是一门生意,更是建立在美好梦想、超凡品质、艺术追求之上的时间旅程。

无疑,"走出去"将是未来高端品牌增长战略的重要组成部分。如今国家的号角已经吹响,等待有志有为的企业家踏上这一历史征程。

后　记
· POSTSCRIPT ·

中国为什么缺高端品牌

"高端实验室"研究员　刘波涛

在很多场合，我经常听到，中国没有做高端品牌的基因。果真如此吗？

世界上拥有高端品牌最多的国家，莫过于法国。这个浪漫的国度，诞生了香奈儿、迪奥、路易威登、爱马仕、纪梵希、卡地亚、圣罗兰等蜚声全球的高端品牌。

为什么当今著名的奢侈品大牌有一多半都诞生于法国？这得从19世纪30年代末期说起。

那十年，欧洲发生两件大事：一是1837年法国首条铁路通车，二是1838年欧洲蒸汽轮船首次横穿大西洋。现代旅游业自此蓬勃发展，人们对行李箱的需求激增。

1837年，马鞍匠人蒂埃利·爱马仕创立爱马仕马具公司。由于技艺精湛、精美无比，爱马仕马具受到了法国拿破仑三世和俄国沙皇尼古拉一世的青睐，他们都是爱马仕的顾客。随着汽车诞生，爱马仕适时转型，推出"马鞍针步"行李箱，风靡一时。

1853年，年轻的行李箱工匠路易·威登成为拿破仑三世欧仁妮皇后最信任的行李箱专家，上流社会的顾客纷至沓来。第二年，路易·威登以自己的姓名创立品牌，在此后的一百六十多年里，路易威登经久不衰。

我们来看看其他几个奢侈品品牌的创立时间：1847年，卡地亚创立；1905年，迪奥创立；1910年，香奈儿创立；1936年，圣罗兰创立；1952年，纪梵希创立。

这些诞生于法国的奢侈品品牌，都经过了数十年甚至百年的沉淀，它们穿越战乱、萧条与繁荣等多个历史时期，历久弥新。

本质上，它们属于手工艺品范畴，并不属于大量生产的工业品。这就需要艺术性的创造思维、精湛的手工技术还有对艺术的热爱，而艺术创造需要一个能激发艺术家创作灵感的大环境和大时代背景。

发端于14世纪的文艺复兴运动，揭开了近代欧洲历史的序幕。17世纪，在路易十四的领导下，法国空前强大，商品经济发展极为迅速。到了1700年，巴黎一跃而为欧洲第一大城市，法兰西也取代了意大利，成为欧洲的文化中心。

对法国人来说，品位是商业最大的成果。经济的繁荣，艺术的进步，让王公贵族、达官贵人的品位大大提升。他们对生活非常挑剔，用品都必须昂贵而优雅，还非得出自名师之手不可。设计师们要得到他们的认可，除了有高超的工艺之外，还必须有超前的时尚品位，以及独一无二的创意设计，否则无法获得青睐。

路易十四本人就是典型代表，他酷爱文艺，痴迷芭蕾，发明了高跟鞋和香水，还时常加入工匠的队伍之中一同设计工艺品，比如绣金线的地毯和镶宝石的假发。路易十四是法国在位时间最长的国王。在以王权为中心的法国，路易十四对社会的消费具有极强的号召力，在他的带动下，法国人的消费观大为改变，奢侈之风盛行。这股消费浪潮的影响，一直持续到19世纪。

19世纪，时尚设计师的地位空前。为萨冈公主定制孔雀服的高级定制之父沃斯，到1870年已经雇用了1200多个裁缝，工作室年利润达4万英镑。

可以说，工业文明的大发展和文学艺术的大进步，为法国的高端品牌发展培育了土壤，奠定了基石。

将中国的历史回溯至爱马仕诞生的1837年。当时的中国正值道光年间，十三州县遭灾，农民起义不断。三年后，鸦片战争爆发。此后的中国，进入长达一百多年的多灾多难岁月。

虽然在清朝晚期，有一大批为皇家定制服饰、器皿的匠人，但随着清政府被推翻，存在了几千年的皇室贵族退出历史舞台，高端中式商品的消费者数量急剧减少。

民国时期，西式审美开始流行，上层人士爱穿的西装、旗袍已与清朝时期的服饰大为不同。许多清朝时期的匠人很难适应西式审美需求,而渐渐消失在茫茫人海里。

1949年新中国成立,全国上下倡导艰苦奋斗、勤俭节约的精神,富有阶层消失,高端商品再也没有了生存的土壤。

改革开放之后,一部分人先富起来了。他们中的一部分,开始有能力消费高档商品,而此时,法国奢侈品适时进入中国,填补了中国市场的空白,俘获了先富阶层的心。这些奢侈品之所以风靡中国,靠的不仅仅是精湛的技艺、卓越的品质、悠久的文化,还包括其所代表的"精品文化"与"优雅自由"的生活理念。

如今,奢侈品不再是王公贵族的专属,随着市场份额的不断扩大,很多奢侈品品牌早已飞入寻常百姓家,甚至变得无处不在。在地铁里,随处可见路易威登的包包;在山姆店里,人头马、轩尼诗等高档洋酒随便就能买到;在大城市里,保时捷、沃尔沃的高级轿车满大街跑。

近年来,不少让人高不可攀的品牌变得更加亲民。例如Coach自降半级、向轻奢方向转变,获得了巨大成功;奔驰、宝马推出了售价十几万的入门级车型,赢得了年轻人的青睐。这些品牌的价格不断下探,奢侈品年轻化正在成为潮流。

伴随着经济的快速发展,中国人的文艺素养不断提升。这一代的中国家长十分重视孩子的教育,在孩童时期就让孩子学习各种文艺技能。当这些受过艺术熏陶的孩子成为社会的中流砥柱之时,中国的品质消费将进入一个新的境界。

虽然中国是世界上最大的奢侈品消费国,但是中国人将绝大部分的奢侈品消费贡献给了国外的品牌。近三十年来,无数中国品牌都试图在高端市场与海外品牌一较高下,最终却铩羽而归。一个很重要的原因,在于大多中国品牌试图用工业化的方式速成品牌,却忘记了品牌的塑造需要农耕式的培育。

中国不乏高端商品,例如陶瓷器皿、翡翠玉器、文房四宝、绫罗绸缎、刺绣旗袍、鱼翅燕窝、普洱龙井、明清家具等,但令人遗憾的是,在这些领域并没有出现有影响力的高端品牌。

我们在珠宝店买定制的黄金首饰,经常发现,商家会将昂贵的珠宝放在一个劣质的包装盒里,有的甚至把它放在塑料袋里。这不仅毫无美感可言,更谈不上艺术性。几十年来,中国制造以"物美价廉"著称,直到现在,大多数中国企业主仍然没有脱离这个思维框架。

高端品牌的内涵非常丰富且复杂,它不是凭空而来,而是一个渐进的发展过程。要征服全球最挑剔的消费者,必须在文化上引领他们向前走。

时尚领域的高端品牌,我们耳熟能详,其他领域的高端品牌,似乎非常少见。其实,日常生活中的每一个领域都有打造高端品牌的潜力。无论是饮用水、牛奶、咖啡、洗衣粉等快消品领域,还是床垫、家电、家具、汽车等耐用品领域,都有无限的潜能。

期待我们的初步研究能帮助中国品牌在迈向高端的道路上少走一些弯路,并能引发社会对这一话题的更多关注与研究。

2015 年，华为曾在全球推出了一张"烂脚"的广告海报。海报中，一只脚穿着优雅的芭蕾舞鞋，另一只脚却赤裸着，满是伤痕。美与丑、优雅与不堪，形成强烈的视觉冲击。海报上写道：我们的人生，痛并快乐着。这张海报将华为的奋斗者文化发扬到了极致。任正非曾解释这张海报，华为就是那么一只"烂脚"，这张海报解释了我们如何走向世界。华为还推出了一张"烂飞机"海报。海报中一架满身弹孔的飞机，像被打烂的筛子一样，但依然坚持飞行，并圆满地完成了任务。海报的文案这样写道，没有伤痕累累，哪来皮糙肉厚，英雄自古多磨难。任正非多次拿这张海报来形容华为："我们就是一边飞一边修飞机，只要有人在，哪怕失去一切，都可以重整雄风。"

华为的奋斗者文化超越了国家、种族与年龄，是一种能在全球范围内引起共鸣的价值观。

经历这六个挑战后的华为一步步走向全球高端市场，成为与苹果、三星比肩的手机品牌，在全球范围内拥有了广泛的影响力。

任何有志于做全球高端市场的中国品牌，可以参照华为路径去设计自己的全球化路线图。不少中国品牌在出海的过程中，交了极为昂贵的学费。全球化失败的理由各种各样，归根结底是不了解当地市场所致，它们只看到了机遇，没有看到挑战，高估了自己的能力。